RÉCITS D'ÂMES

De la même auteure

Les ombres me parlent, Exergue, 2019.
Bains de lumière, Aparis, 2008.

ISBN : 978-2-8132-2840-6

www.editions-tredaniel.com
info@guytredaniel.fr
www.facebook.com/editions.tredaniel
@editions_guy_tredaniel

Monique Jorland
Préface de
Carla Bruni

RÉCITS D'ÂMES

Mes connexions avec l'invisible

Guy Trédaniel éditeur
19, rue Saint-Séverin
75005 Paris

Préface

En lisant ce livre, vous rencontrerez Monique Jorland, et sa vie tellement particulière...

Rencontrer Monique, c'est tout d'abord rencontrer une femme exquise, affectueuse et généreuse, drôle et brillante, pleine d'humour et de curiosité, pleine d'empathie et de charme.

Médium, magnétiseuse, voyante, guérisseuse, psychothérapeute, Monique est aussi une peintre étonnante et une écrivaine en herbe.

Rencontrer Monique, c'est aussi rencontrer un autre monde, un monde que certains pourraient qualifier d'« impossible » ou d'« imaginaire », un monde inconcevable et ancien, dans lequel on saisit quelques bribes d'un autre temps, d'un autre lieu pour nos existences.

Pour ceux qui croient, rencontrer Monique est une aventure heureuse, rassurante, émouvante.

Son don est saisissant et indiscutable, et toujours stupéfiant.

Elle en est d'ailleurs la première étonnée, et ce, chaque fois qu'il se manifeste (c'est-à-dire très souvent).

Pour ceux qui ne croient pas, le don de Monique est tout de même un peu encombrant : les messages qu'elle nous transmet malgré elle sont si réels, si précis, si indiscutables qu'il est presque impossible de rester sceptique...

En lisant ce livre, vous croiserez donc le chemin de beaucoup d'existences, car beaucoup d'êtres humains viennent déposer leurs inquiétudes, leurs espoirs, leurs attentes, ou leurs infinies questions dans les mains de Monique.

Et pourtant elle est comme vous et moi : elle ne peut rien changer du cours de nos vies, elle ne peut rien sauver de nos désastres.

Elle ne peut même rien changer à sa propre vie, et ce, malgré ce don magique qui la caractérise.

Elle n'a pas échappé aux chagrins et aux douleurs qui dessinent nos existences.

Son don est magique mais humain, il est fantastique et pourtant impuissant...

Elle ne peut que nous accompagner ou parfois nous avertir, aussi tendrement que possible, et c'est ainsi...

Car c'est ainsi que s'écrivent nos pauvres destins.

Préface

Au-delà de son incroyable don, Monique est une amie, une sœur, une mère, une grand-mère, une épouse et une amoureuse comme nous toutes.

Simplement, son don a guidé sa vie, inexorablement et sans lui laisser de répit, comme si là était, pour elle, l'unique chemin possible.

En lisant ce livre, vous rencontrerez une réalité parallèle, inquiétante et troublante, faite de fantômes et de retrouvailles, d'espoirs et de vertiges ; et soudainement tout ce qui nous semblait absurde, opaque et inconnu pourrait s'éclaircir et, sans aucune raison valable, sans aucune marque de logique, donner un sens à nos vies.

Carla Bruni

Prologue : « Tu es un véritable scanner ! »

Pas de repos pour mes yeux, toute l'année, à chaque instant, s'il y a quelque chose à voir, à me faire voir, à alerter, le scanner se déclenche automatiquement.

Le même rituel... Mes yeux captent un signal, ils aperçoivent brusquement une anomalie, ce peut être des taches blanches, brunes, parfois brillantes. Par exemple, lorsqu'il y a un problème au sein, c'est toujours une boule qui m'apparaît : de grosseurs variables, de couleurs différentes (mais souvent chair), ou d'aspect de temps en temps fibromateux.

La vision n'est jamais bien différente, quelque chose qui n'est pas au bon endroit et qui n'a pas lieu d'être... Je ne saurais dire si c'est cancéreux ou non, mais je mets toujours en garde de cette présence qui me dérange et je conseille d'aller consulter un médecin rapidement.

Pour les cicatrices, récentes ou anciennes, je distingue clairement des traits de taille et grosseur variables. Elles sont boursouflées, horizontales ou verticales. Cela dépend de la personne, mais il est très rare que je me trompe. Je sais que ce rappel d'épreuve passée n'apporte rien au consultant, mais je profite toujours de l'occasion donnée pour faire un contrôle, vérifier s'il n'y a pas une nouvelle opération à envisager, on ne sait jamais... Voilà peut-être pourquoi on m'a donné ces yeux à la couleur si étrange et changeante – vert mêlé de petits points d'or. Ils sont peut-être un petit outil qui détecte, à peine naissante, la moindre tumeur, si je vois la personne à temps : soigner au plus tôt et éviter le pire.

Qui sait ? Un pauvre petit point lumineux pour aider des hommes, des femmes, des enfants, c'est pour moi une énorme satisfaction.

Pas de répit, pas un seul jour, sans que mes yeux se portent sur une personne, ici et maintenant, là ou ailleurs, dans la rue, dans le train, dans l'avion, dans le métro, les magasins, etc. Des lieux de prédilection comme les salles d'attente, du médecin, du chirurgien-dentiste, que sais-je encore ? Chez le coiffeur, c'est le pompon, l'endroit où les gens se détendent et font la causette, j'ai le temps de les observer et de les regarder, sans être pour autant à l'affût, absolument pas... Quelque chose en moi me pousse, comme s'il fallait que je découvre l'intérieur de ces êtres humains de passage dans ma vie, si éphémères, peu de temps, quelques minutes, parfois une heure, deux heures tout au plus. Tout dépend de l'endroit où je me trouve... Je scanne sans le vouloir, sans chercher à scanner, je suis d'ordinaire quelqu'un de très discret, mais mon regard est toujours attiré s'il y a une anomalie... Sur une zone du corps atteinte, je discerne un petit bobo, parfois un plus gros, des cicatrices, souvenirs d'une ancienne opération ! Mes yeux agissent comme un aimant...

Je me souviens de cette dame très forte, assise dans l'angle de la salle d'attente d'un médecin spécialiste. Je ne parvenais pas à la quitter du regard, ou plutôt sa jambe droite cachée par une longue robe avec des coquelicots rouges, qui voilait tout le bas de son corps. C'est comme si je sentais que quelque chose devait être enlevé, je me souviens surtout de ce grain de beauté strié et suspect, d'un marron foncé bizarre qui me dérangeait, mes yeux le distinguaient clairement à travers sa robe... Ça revenait sans cesse à mon regard, à mon esprit : *lui dire, il faut lui dire, comment lui dire ?...* Nous attendions le gynécologue, donc rien à faire, rien à voir. Cette femme ne venait pas pour ça, c'est sûr... Comment lui dire ? J'en mourais d'envie, mais comment faire, pourtant c'était fort. Je sentais que ça pouvait devenir sérieux. Puis elle a été appelée par le médecin, donc adieu, je n'allais jamais la revoir.

En fait, il y avait deux personnes avant moi, je suis allée l'attendre, directement sur le palier. Lorsqu'elle est sortie, elle m'a regardée presque méchamment. Difficile d'annoncer ça comme ça. Je lui expliquai gentiment, poliment, doucement. Je lui confiai également qui j'étais. Elle est subitement devenue toute rouge, comme les fleurs de sa robe, une colère démesurée, me criant que j'étais folle. D'un seul coup, elle a changé d'attitude : « Vous parlez de ça, c'est rien, il ne me fait même pas mal ! » Je lui ai dit que j'avais vu au travers de sa robe, et j'ai insisté pour qu'elle aille consulter rapidement un dermatologue ou son médecin traitant. Elle est restée bouche bée !... Elle m'a lancé à la figure : « Même pas peur, ça m'étonnerait que j'aille voir un dermato pour cette bricole ! »

J'ai tenté de lui expliquer que ce genre de grain de beauté pouvait être très dangereux. J'ai insisté pour que nous échangions nos numéros de téléphone, et je lui ai demandé de me rappeler au cas où, et malgré son « même pas peur »...

Un miracle... J'ai appris, bien plus tard, qu'elle était allée consulter et avait été opérée très vite derrière... Ouf ! Ouf, il était temps !!! Un malheur évité... J'ai reçu de belles roses rouges en guise de remerciement, un petit mot qui les accompagnait, pour dire simplement merci et pardon... C'était une femme qui avait vécu des choses difficiles dans l'enfance et, plus tard, avec des maris successifs, un peu désabusée et plus trop envie de s'occuper d'elle. Elle ne pensait plus qu'à ses quatre enfants nés de quatre pères différents ! Elle aimait le rouge, la passion, mais aussi la rage. Les explosions dans les sentiments... Une visite un jour, pour se confier, raconter sa vie, une vie de misère, une succession d'explosions. Et évidemment, lorsque je l'ai accostée la première fois dans cette salle d'attente, elle a vu rouge...

Je vois toujours à travers les vêtements, si je suis poussée, s'il y a quelque chose que je dois voir. Une douleur, un bouton, des stigmates, des cicatrices ou quelque chose de naissant... Mes yeux changent de couleur, mes mains se creusent et rougissent, elles sont en feu, comme une rage de ne pouvoir l'exprimer à la personne en face de moi, que je ne connais pas et qui ignore tout de mon don, dur..., dur... Quelquefois, j'ai osé, je suis allée au-delà de la gêne d'un premier contact souvent malaisé, de la timidité, et, heureusement, souvent, aucun doute, ça a aidé la personne concernée à se soigner rapidement. Merci, Là-haut...

Mon premier livre, *Les ombres me parlent*, raconte quelques fameuses anecdotes à ce sujet, dont quelques-unes ont probablement changé la vie de certains et certaines, et celle de mon dernier fils, Jérôme. C'est ce don d'extra-vision qui m'a permis de sauver mon dernier fils d'une mort certaine. J'ai été prévenue la veille, de ce qui lui est arrivé le lendemain : j'ai clairement vu une poche de pus et de sang, dans son ventre... Il m'a fallu me battre bec et ongles contre des médecins qui me prenaient pour une folle. Pas facile, des semaines à l'hôpital, des mois de convalescence à se rétablir difficilement, le pire a été évité de justesse grâce à mes yeux-scanners...

Je n'oublierai jamais non plus ma rencontre avec ce jeune homme venu pour des céphalées à la demande de ses parents : il avait, au fond de l'œil, une étrange tache blanche, elle brillait, j'étais la seule à la percevoir. Je savais déjà que c'était mauvais signe... Les médecins confirmeront la suite : tumeur au cerveau.

Mon très grand ami, patron de la radiologie d'un grand hôpital parisien, et malheureusement parti cette année, emporté par ce « putain de Covid », comme il l'avait surnommé, me disait toujours : *« Tu es un véritable scanner ! »*

Il était également médecin légiste et me disait souvent : « Si tu meurs avant moi, je regarderai si tu n'avais pas quelque chose d'étrange dans le cerveau, que les autres n'ont pas ! » J'étais entièrement d'accord, mais le destin et Là-haut en ont décidé autrement : il est parti en avril 2021. Je suis tellement affligée, une douleur sans fin au fond de mon cœur ; nous nous connaissions depuis très longtemps, et notre amitié était indéfectible. Que d'échanges nous avons eus sur l'ésotérisme, le monde invisible : lui, si cartésien, croyait bizarrement en moi, et il était persuadé que j'avais quelque chose en plus ou quelque chose en moins dans le cerveau.

Je suis un véritable scanner, c'est vrai, mais ce n'est jamais, ou très rarement, à la demande, c'est instantané, spontané, inexplicable, soudain, sans prévenir d'une seconde à l'autre, JE VOIS !!!... Même si mon don est extrêmement difficile à vivre et à gérer, même si je l'ai quelquefois détesté, j'ai appris à l'accepter, car il a tellement de fois redonné le sourire aux uns, l'espoir à d'autres, et pour certains un changement de vie radicale.

Impérissable...

Immortel...

Indélébile...

Éternel...

Il me suit comme une ombre, un ami fidèle, permanent, persistant.

Il s'accroche à moi, je vis avec lui, nous ne formons qu'un.

Il me fatigue et il m'habite à jamais, je ne suis jamais seule.

J'essaierai, un jour, de le transmettre à une seule et même personne, lorsque je partirai pour le grand voyage... Et, de Là-haut, je veillerai surtout à ce qu'il ne soit jamais galvaudé.

Avril 2020

21 avril 2020. Je suis clouée au lit depuis quatre jours dans une chambre d'hôpital. Interdiction de me lever. Difficile de parler, difficile de respirer. Mon corps a brutalement baissé les bras, mon esprit, lui, est toujours en alerte. Il observe. Seule dans cette chambre blanche et aseptisée, je lâche prise doucement. Je n'ai pas peur d'avoir peur.

On s'affaire autour de moi, on s'occupe de moi ; aujourd'hui, les rôles sont inversés... Impression étrange, une confiance naissante et nécessaire. Un séjour imposé par le Covid, il sera de courte durée, je le sens. On me l'insuffle déjà à l'oreille, depuis mon arrivée précipitée sur un brancard, entre deux jeunes pompiers à bout de forces.

Les couloirs longs comme des avenues ne désemplissent pas. Froide chorégraphie de lits à roulettes, de brancards inanimés et cruels... On gesticule, on tremble, on pleure, on s'indigne face à l'attente indécente, on a peur de la mort qui rôde. Hommes, femmes, enfants, de pauvres corps dépouillés d'humanité, rien de plus que des cas Covid, sans âme ni identité. Cette épidémie hors norme échappe à tout contrôle et impose ses propres règles : de la distance, de la distance, de la distance, ne plus se parler, ne plus se voir, ne plus se toucher, ne plus s'aimer... Des morts en sursis.

Partout, sur les portes des services, sur les ascenseurs, un seul mot placardé : « COVID » ! Nos soignants risquent gros, et certains ont déjà payé un lourd tribut à leur serment d'Hippocrate. La prudence est de rigueur. Enrubannés de la tête aux pieds, ils marquent la distance, isolés, à l'abri sous leur scaphandrier. Surtout ne pas se laisser surprendre. Rien de plus qu'un regard, juste un regard, pour dissiper l'effroi des malades, rassurer et soigner. La mort est là, palpable mais invisible.

De mon côté, je suis plongée dans un état second, sous le coup d'une plénitude anormale au cœur de la tourmente générale, une attente sereine, des pensées qui grouillent, tournées vers mes enfants, mes petits-enfants, arrière-petits-enfants, la mort, la fin et le début, le début de la fin. Rien ne me retient plus. J'accepte, je suis prête..., si c'est le moment.

Le diagnostic est enfin tombé il y a peu, après des investigations longues et pénibles pour mon petit corps meurtri : une *embolie pulmonaire*. C'était donc cela cette douleur perpétuelle sous les côtes gauches. Bilan : deux semaines à l'hôpital. Je fonds à vue d'œil, les kilos s'envolent entre les quatre murs de ma geôle.

La fragrance généreuse de mes huiles essentielles, antibactériennes et antivirales, inonde ma chambre et trouble mes rares visiteurs. Le personnel est surmené, et parfois sceptique, face aux alternatives, comment lui en vouloir ? Plus de temps pour se poser, pour réfléchir ou analyser. Des automates. Une mécanique qui tente de gérer les priorités parmi le flux de malades, tous aussi prioritaires les uns que les autres. Chaque jour, des centaines de patients engorgent les morgues sans que jamais on ne puisse entrevoir une sortie de crise. Les urgences sont au-delà de la saturation. Le Covid bat son plein. Le monde s'excite, jacasse, suppute, invente au besoin, une gesticulation stérile et incontrôlée qui fait fi du bon sens, de la raison ou de la logique, de misérables poulets sans tête...

Il y a huit jours, j'avais le Covid, aujourd'hui plus. Les médecins sont penauds, les résultats sanguins contredisent mes symptômes et le diagnostic du laboratoire. Pourtant, tout coïncidait : fièvre, toux, difficulté respiratoire, fatigue extrême. Le virus sème le trouble. Il a plus d'un tour dans son sac. Et, croyez-moi, il n'a pas fini de nous surprendre.

Huit jours, calfeutrée chez moi, sous la menace de complications tellement prévisibles au vu de mon âge ! Allai-je rejoindre les étoiles, je l'ignorais. Je priais cependant pour ne pas souffrir à l'extrême.

— Restez chez vous, surtout ne voyez personne ! Prenez du paracétamol en cas de fièvre ou de douleurs ! Mais, si vous avez des difficultés respiratoires, appelez aussitôt le 15, n'attendez pas une minute !

Conseils ultimes de mon médecin après la réception des résultats de ma prise de sang.

Cela fait une semaine que l'on m'a convaincue d'avoir été infectée par le virus du Covid, et, aujourd'hui, l'hôpital bouleverse la donne.

— Pas de trace du virus dans votre sang, Madame. Vous avez fait une pneumopathie sans lien avéré avec la pandémie, semble-t-il...

Un retournement de situation, un coup de baguette magique, une erreur médicale, qui peut le dire ? Encore aujourd'hui, les médecins ne sont pas tous d'accord. Le pneumo dit que..., le cardio prétend que..., le généraliste oppose que... Qui croire ? Qui ne pas croire ?

Mai 2020

Deux semaines déjà que j'ai quitté l'hôpital, plus de souffle, plus de force. En sortant, le médecin m'a annoncé un rétablissement total au terme d'une année entière... Soudain, un gouffre sous mes pieds. Sombre et profond. La convalescence sera longue, et je découvre aujourd'hui qu'elle rime avec dépendance totale.

On me fait les courses, le ménage, on me prépare les repas, on contrôle ma prise de médicaments, ma température, ma toux... Contrôle délicat, exclusivement familial ou amical, mais un contrôle auquel mon esprit s'accommode difficilement. Bouleversant de s'abandonner ainsi à l'autre, de mettre sa vie entre ses mains, de se plier... Comme une atteinte à ma liberté, l'effacement de toute volonté, un vertige brutal. Je suis souvent seule, malade, en état de grande faiblesse ; mes souvenirs ont pris le dessus et reviennent à leur rythme. Sans invitation.

Hier soir, du vague à l'âme, un flash, ou plus exactement un flash-back. Une histoire ancienne. Un drame sur fond d'emprise psychologique. Je me souviens de cette femme venue chez moi en pleurs, le visage ravagé ; elle était veuve d'un commissaire de police, mort tragiquement un an auparavant, dans un accident de moto. Elle est restée très longtemps dans ma mémoire, et aujourd'hui mon état la fait resurgir des tréfonds.

Cette femme, plutôt petite, s'avance péniblement dans l'allée, la tête baissée. Elle a peur et n'ose me regarder. Je sens en elle une détresse infinie. Ses yeux vairons, magnifiques, sont flétris avant l'heure par les pleurs et le chagrin. Elle me semble négligée, usée, fatiguée, jusqu'au bout de sa chevelure châtain qui n'a plus le moindre attrait. Une touffe de crin en bataille. Elle porte sa peine sur le dos, courbé à l'excès. En entrant chez moi, impossible de sortir le moindre mot, une demi-heure murée dans le silence et les pleurs. Elle sanglote et ne parvient pas à retrouver son souffle. Impossible de l'arrêter, que voulait-elle donc me confier de si terrible ? Puisqu'elle est mutique, je dois procéder autrement. Je me concentre, ses mains dans les miennes. Rapidement, un flash : l'accident de moto de son défunt mari. Mais ce n'est pas la cause de son chagrin. Elle confirme.

– Oui, je suis veuve depuis un an maintenant, mais ce n'est pas là le pire...

Enfin, quelques mots. Je poursuis. *Un prénom sur le mur du salon. Ses enfants, deux filles et un garçon, en pleine détresse.*

Elle acquiesce par un hochement de tête. Elle est stupéfaite par mes révélations, elle ne m'a pourtant rien dit.

On approche du but... Je vois des dettes, importantes, colossales même. Et, d'un seul coup, entre deux sanglots :

– J'ai honte, j'ai honte, tellement honte... Après la mort de mon cher mari, le monde s'est écroulé. Je n'ai pas pu reprendre le cours de ma vie. Il était mon bonheur. C'est lui qui s'occupait de tout. J'étais si heureuse...

Elle entame son récit dont je pressens qu'il sera long, car elle peine à finir ses phrases, sans verser une larme ou deux.

– Et, un jour, dans le journal, une petite annonce. Une femme, médium de renommée internationale, qui vient en aide aux personnes en détresse et résout tous les problèmes. J'entrevois soudain la lumière au bout du tunnel. Je m'empresse de prendre rendez-vous avec elle. Elle reçoit déjà beaucoup de monde, mais elle va me faire une faveur et va se libérer du temps très vite, juste pour moi. Elle sent que je souffre. Dès le lendemain, un rendez-vous chez elle. La personne qui m'accueille est affable et si gentille. Je suis en confiance. Je lui raconte toute mon histoire et surtout ma confusion suite au décès de mon mari. Elle me propose aussitôt de rentrer en contact avec lui. À la seule condition d'écouter, sans poser de questions et de suivre tous les conseils qu'il allait me donner. C'est à ce prix que les défunts nous rendent visite, me disait-elle. J'y ai cru.

En moins de dix mois, cette femme m'a dépouillée. J'ai vendu ma maison, tous mes bijoux, mes meubles, j'ai même vidé les comptes épargne de mes enfants et contracté des crédits importants... Par son intermédiaire, j'ai soi-disant donné aux bonnes œuvres, puisque c'est ce que mon mari exigeait... J'allais retrouver ma sérénité, c'était garanti. « Soyez patiente, votre mari vous guide, il vous soutient, vous accompagne pas à pas. Vous n'avez rien à craindre... »

Pourquoi me méfier de cette femme qui se disait mon amie, ma sœur en qui je pouvais avoir une confiance aveugle, et qui ne voulait que me venir en aide... Je ne voyais que par elle, je n'écoutais qu'elle. Je ne voyais qu'elle, plus un seul ami, plus de famille. Elle me dictait tous mes faits et gestes. J'étais sa chose, complètement conditionnée... Elle, une vraie mante religieuse...

J'ai dû retourner chez ma mère. Mes enfants et moi nous sommes retrouvés sans rien. J'ai honte, si vous saviez, de leur avoir infligé cela... Ils sont encore si jeunes... Pourquoi, pourquoi ???

Elle s'arrête un instant, l'allusion à ses enfants est le coup de grâce. Mais elle a enfin relevé la tête, elle a libéré la parole.

Venue me voir sur les conseils pressants de son esthéticienne, émue par la situation, elle ne comprend pas comment elle a pu se laisser berner avec tellement de facilité, à son âge...

Commence alors la descente aux enfers de la déception, c'est de ça, surtout qu'il faut se réparer. Le mal est fait, il est urgent de soigner, cicatriser les plaies et aider à retrouver l'équilibre perdu.

– Mais non, l'âge n'a rien à voir avec l'emprise, ni même le niveau intellectuel. Ces escrocs, habiles mystificateurs, n'ont aucun scrupule ni aucun état d'âme ; ils ne sont guidés que par l'appât du gain. Ils s'immiscent dans votre vie, en douceur, à pas feutrés. Ils finissent par tout savoir de vous, de votre famille, de votre travail, et déterminent rapidement leurs points d'ancrage… Sans vous en rendre compte, c'est vous qui avez tout dévoilé. Ils sont comme des araignées qui tissent leur toile autour de vous et vous enferment… Ils deviennent vos guides, vos gourous présents pour vous, pour vous aider à gérer votre vie, mais c'est surtout à votre argent qu'ils en veulent ! Un véritable médium ne vous demandera jamais de raconter votre vie comme vous l'avez fait avec cette femme. Il va tout découvrir, seul. Quant aux défunts, ils décident de venir lorsqu'ils sont prêts. Ils ne viennent jamais sur commande. Ils ne sont pas à notre disposition ! Sachez-le bien. Cette personne a abusé de votre état de faiblesse, elle vous a dépouillée, et c'était son seul et unique but.

Cette femme est repartie en fin d'après-midi. Elle avait séché ses larmes et avait en poche les coordonnées d'un ami psychiatre qui, avec le temps nécessaire, l'a remise sur pied.

Une victime parmi tant d'autres de manipulateurs, de pervers, un jeu de dupes dominé/dominant. Mais, soyez sûr d'une chose, ces détraqués, psychologiquement dangereux, sont toujours punis.

Je ne prétends pas avoir la science infuse, mais ma très longue expérience m'a fait rencontrer des âmes perdues, des âmes en peine. Trop de jeunes abusés par leur naïveté, en souffrance, rejetés par des parents dépassés. Traverser l'adolescence est rude. On court en cachette voir un médium. Comment ne pas évoquer aujourd'hui ces jeunes homosexuels, souvent à la recherche de leur identité ? Tout récemment encore, ce timide jeune homme chassé par un père incompréhensif, et tombé dans les griffes d'une femme malhonnête. Pâle substitut de la figure maternelle. Même scénario que notre dernière victime. Ces malveillants dévient, à plaisir, la route de leurs proies. Ils éloignent, avec habileté, les intrus : parents, amis, conjoint au besoin. Ils font le vide autour de vous. Des proies faciles, des êtres blessés ou rejetés par les vicissitudes de la vie, à qui on n'offre finalement que de faux repères. Des récits douloureux de jeunes brisés par la main d'un destin manipulé.

Soyez donc prudent avant de confier votre vie et votre santé mentale à plus malade que vous. Depuis des siècles, l'être humain a fait feu de tout bois. Faire le bien autour de soi n'est pas une mission à prendre à la légère. Ce n'est pas vous qui décidez. Le médium doit être solide psychologiquement et moralement, écouter sans faillir, guider et surtout donner et partager avec amour.

L'emprise, sous toutes ses formes, est dangereuse. Il arrive parfois qu'elle soit l'œuvre de proches, d'amis, de parents même, ce qui la rend malheureusement indécelable. Dans ma vie de médium, aguerrie à la tromperie et aux faux-semblants, j'ai été amenée à intervenir à plusieurs reprises pour accompagner des victimes de ce type d'emprise, exclusivement maternelle.

Mais nos enfants ne sont pas notre propriété. Ils ont le droit d'être des enfants à part entière. Ils n'appartiennent pas à leur petite *maman*... Mettre au monde un enfant ne nous arroge pas le droit de le posséder, de l'étouffer, de le chosifier... Chaque enfant a le droit d'exister pour lui et par lui-même.

La maternité n'est pas un sauf-conduit qui rend la mère toute-puissante, un permis de contrôler la vie de l'autre. Ce n'est plus de l'amour, c'est de la possession.

La victime, souvent enfant unique, vit difficilement cet attachement, dont elle est loin de soupçonner les effets à long terme : un sentiment de culpabilité, un désamour silencieux, une vie sociale entre parenthèses, un enfermement, une solitude affective, sans compagnon ni enfant...

Cet enfant est prisonnier de l'amour maternel au point de sacrifier sa vie, d'étouffer sa révolte intérieure ; il est dans l'incapacité de froisser celle qui a donné la vie et l'a entouré d'un amour exclusif tout autant qu'excessif...

Pour comprendre leur mal-être, des hommes et des femmes, trentenaires ou quadragénaires, en profonde dépression, à la limite du tolérable, sont venus me voir. Un schéma récurrent : un enfant unique, une mère exclusive et omniprésente, un consentement naturel, une soumission silencieuse mais accablante... Écouter, éclairer, réconforter et surtout accompagner, dans le face-à-face mère/enfant, la confrontation, la libération. Exprimer au grand jour son mal-être, faire comprendre à l'autre son aliénation inconsciente.

Un mois déjà que la mort m'a frôlée de près, de très près. Des jours et des nuits où j'ai cru voir ma dernière heure arriver. Une idée en tête... Rejoindre mes parents qui m'ont quittée depuis longtemps. Renouer le lien..., enfin.

Je n'ai pas peur de la mort, mais je redoute les conséquences de la mort, et surtout celle des parents ; elle devrait rapprocher les familles, mais la plupart du temps, c'est tout le contraire. Le temps passe, chacun se quitte, plus de réunion de famille, on ne se voit plus, on s'évite au besoin, et pourtant la filiation est toujours là, on est du même sang ; c'est la mort qui sépare cette famille de carte postale où chacun fait de la figuration depuis longtemps. Les piliers ont disparu.

Et, aujourd'hui, mes parents sont dans ma maison. C'est la première fois qu'ils viennent me voir ensemble, ils sont partis depuis une éternité. Ils tourbillonnent autour de moi, ils papillonnent. J'ai l'impression qu'ils font des pas de danse, en avant, en arrière, souples et doux, ça m'enchante, ils se déplacent au rythme de la valse, je ne comprends pas... Là-haut, ma mère a dû convertir mon père qui était un piètre danseur. Ils se prennent par la main et s'avancent vers moi. On dirait qu'ils sont sur le point de m'annoncer une bonne nouvelle, chouette, vu le contexte. C'est probablement une occasion spéciale.

Ils ont bien choisi leur jour, le jardin et la maison sont baignés par la lumière intense des tout premiers rayons du soleil. Comme s'ils préparaient une fête à mon intention... Rien d'écrit sur les tableaux, mais je les vois et je les sens.

J'ai l'impression qu'ils se sont levés aux aurores avec moi, même le parfum du café ce matin a une odeur particulière !!!... Cette vraie odeur du café d'antan, de ces grains torréfiés fraîchement moulus que l'on faisait avec la cafetière en faïence..., et les filtres qui avaient l'air de vieux chiffons décolorés. Un arôme tellement intense que nous étions sortis du lit par nos papilles...

La journée se poursuit tranquillement. Mes parents sont toujours avec moi. Je les laisse faire, peut-être vont-ils de pièce en pièce, ils visitent ensemble ma vieille maison. J'espérais une matinée tranquille, s'il vous plaît, Là-haut, pas trop de perturbation ! Tiens, je vais faire du tri, c'est mon défouloir préféré. Des vieux vêtements, des vieilles chaussures, des vieux papiers. Comme c'est long et fastidieux. Lentement mais sûrement, je range inlassablement. Dans le tiroir de l'armoire du premier étage, je tombe sur tout ce qu'il me reste de mes parents, héritage précieux de simples objets du quotidien tant de fois touchés ! L'étui à lunettes de mon père, sa pierre à aiguiser Norton en forme de losange et sa carte d'identité, la chemise de nuit de ma mère, une photo de classe en noir et blanc où posent ensemble mes parents. Ils ont onze ou douze ans environ. C'est là qu'ils se sont connus, et ils ne se sont jamais plus quittés.

En début d'après-midi, ils sont repartis comme ils sont venus, sans rien me dire, en claquant la porte. Comme un courant d'air. Ils m'ont comblée de leur présence devenue exceptionnelle, une lumière matinale inespérée, un chant d'amour à deux voix.

Merci, mes chers parents, pour ce cadeau inestimable.

Peu de temps pour prolonger le bonheur de cette belle surprise, j'attends Justine, une amie de longue date. Elle tient absolument à me voir, elle a beaucoup insisté. Elle est soucieuse depuis plusieurs semaines. Je pense déjà savoir de quoi il s'agit. Elle et moi nous connaissons bien. Je vais la laisser venir et *accoucher sans assistance*... Je ne suis pas en forme, mais cela paraît très important.

J'ai fait la connaissance de Justine à un mariage. C'est une jeune femme courageuse et persévérante qui a lutté bec et ongles pour devenir pédiatre. Une petite brune de trente-huit ans, charmante, indépendante et sans attache sérieuse. Elle est tout entière dévouée à son travail et à ses petits patients. Déjà, en première année de médecine, malgré un emploi du temps chargé, elle s'investissait dans des associations humanitaires. Donner de son temps, donner de son métier, donner sans compter, soigner, écouter, aider. Une vraie sainte. Pas de temps pour la romance, pour celle qui a toujours mené sa vie tambour battant.

Justine arrive chez moi un peu en retard, le visage défait. Je fais mine de ne rien voir. Elle a sa tête des très mauvais jours, elle qui, d'habitude, est un vrai boute-en-train. On s'installe au salon. Un thé, quelques douceurs, et la distance entre nous. Covid oblige ! La conversation tourne autour de ce fichu virus et de ses malades. Bizarrement, elle a les larmes aux yeux. Elle a du mal à retenir des sanglots qu'elle étouffe à grand-peine au fond de sa gorge. Va-t-elle enfin finir par m'avouer la raison de sa visite ? Aurait-elle besoin d'un petit coup de pouce ? Je me lance.

– Ma petite Justine, tu sais que tu peux tout me dire. J'ai même une idée précise de la raison de ta visite, tu as fait ta troisième FIV, n'est-ce pas ?

– Monique, je savais que tu allais le voir… Mais ce que tu ne vois peut-être pas, c'est que c'est un nouvel échec. Je l'ai appris hier. Je suis anéantie !

Désolée, ma Justine, mais ça aussi, je le savais déjà… D'un seul coup, elle se lève, s'approche de moi et me serre dans ses bras, malgré le Covid…

– S'il te plaît, s'il te plaît, Monique, aide-moi, par n'importe quels moyens ! Je t'en supplie. Je vais sur mes trente-neuf ans dans quelques jours… J'ai peur… Je ne peux plus attendre. Je ne veux pas finir seule, sans enfants. Toi, tu sais combien je les aime…

– Je vais essayer de demander l'aide de Là-haut. On ne sait jamais. Il faut tenter. Mais rien n'est garanti, Eux seuls décident, tu le sais bien…

– Merci beaucoup, Monique, merci ! Je n'aurais jamais osé te le demander.

J'ai toujours prédit à Justine qu'elle serait mère d'une petite fille. Elle vit avec cet espoir depuis environ quatre ans. Mais je crains fort qu'elle doute aujourd'hui de mes prédictions. Il est vrai que Là-haut le temps n'existe pas. Pas de nuit, pas de jour...

Voyons comment nous allons nous y prendre. Je ne sais pas où cela va me mener... Je me concentre, je prends ses mains dans les miennes. J'implore ses guides, ses grands-parents, sa tante qu'elle aimait tant. Rien, absolument rien.

Ce n'est pas étonnant, il n'y a aucun nom sur les murs de ma maison, pas le moindre bruit. Un silence de mort... Je n'appelle jamais les défunts, ce sont eux qui descendent quand ils le souhaitent. Il arrive qu'ils ne viennent jamais. Je ne suis donc pas étonnée par cette tentative infructueuse...

Justine s'est très vite éloignée de sa famille. Elle a fait le choix de consacrer sa vie entière à la médecine. Elle a très rapidement quitté le nid familial pour la faculté, située à plusieurs centaines de kilomètres de chez elle. Déçue par la vie et ses caprices, cette jeune femme sensible a décidé de faire un enfant toute seule, contre l'avis de ses parents qui n'ont jamais compris son choix. Mais quelques échecs amoureux douloureux, des incompréhensions et une farouche opposition à tout compromis, d'un côté comme de l'autre, ont fini de la convaincre du bien-fondé de sa décision. Aujourd'hui, à cet instant, elle retient son souffle. Je sens qu'elle est tout entière concentrée, à l'écoute, une certaine ferveur dans le regard. Elle veut y croire. Ce sera sa dernière chance ou le coup de grâce, elle n'a probablement pas pensé à cette seconde option. Il se peut que ses guides ne viennent pas, qu'ils gardent le silence à jamais ou qu'ils la mettent en garde contre le chemin choisi, je l'ai déjà vécu à plusieurs reprises.

D'un seul coup, après quelques minutes interminables, un silence assourdissant, comme souvent lorsqu'*Ils* se préparent à descendre.

– On entend presque le silence, Monique, c'est étrange...

– *Bonjour, petite Justine ! Toi, tu es comme moi. Tu aimes les gens, tu aides les enfants, les pauvres, les déshérités, les sans-avenir, les oubliés. Toi, je vais t'aider !*

Justine n'en croit pas ses oreilles. Elle ne reconnaît pas le guide descendu pour elle, ce n'est ni un parent, ni un ami proche.

– *La Terre souffre, elle a mal, elle a besoin de petits anges comme toi pour panser ses plaies. Comme je le fis jadis, en Égypte...*

Exceptionnel et rarissime, le guide venu pour Justine n'est autre que l'incarnation de la bonté, *la petite Sœur des pauvres*, Sœur Emmanuelle en personne. Justine tremble de tout son corps, elle balbutie le nom de celle qui lui apporte une aide divine :

– Monique, Monique, c'est Sœur Emmanuelle !!! Je reconnais sa voix, c'est incroyable ! Pourquoi est-elle descendue pour moi ? C'est insensé, tellement fou...

Je n'entends rien. Je suis en transe. Elle me racontera la visite bien après. Un flash d'une intensité extraordinaire, qui a duré une poignée de secondes.

– *On va t'aider, petite, on va t'aider, ne t'inquiète pas ! Tu auras un enfant. Mais continue de donner de l'amour à tous nos malheureux !*

En nous quittant, elle a crié, à travers moi, un « *Yallah* » qui a bouleversé Justine. Elle pleure, elle rit, elle me regarde stupéfaite, hagarde. Elle parvient à peine à me raconter ce qui vient d'arriver dans mon salon, en ce dimanche après-midi exceptionnellement ensoleillé.

Je comprends enfin la raison de la venue de mes parents, plus tôt ce matin. Ils étaient missionnés pour préparer l'arrivée de la sainte. Une journée unique et mémorable, à jamais.

Tout au long de ma vie, Sœur Emmanuelle est venue à deux reprises seulement, lors de séances particulièrement émouvantes. Chaque fois, il s'agissait de femmes, des personnes désintéressées et généreuses avec les plus démunis.

Ce type d'expérience est extrêmement rare et saisissant. D'ordinaire, lors d'une voyance, ce sont toujours les personnes proches qui viennent ; elles connaissent bien la personne et sont parfaitement au courant de sa vie qu'elles ont d'ailleurs partagée à une époque. À leur mort, le fil de la filiation a été rompu... Tout s'est arrêté. Ces défunts sont donc les plus à même de donner des conseils, de mettre en garde, de rassurer, de divulguer parfois des secrets à venir, bref, de renouer le lien, de rétablir un contact provisoirement suspendu pour cause de décès. Ce lien du sang qui restera sacré à jamais, mais qui parfois va au-delà du sang...

De son côté, Justine peine à retrouver ses esprits. Elle ne parvient pas à mesurer l'honneur qui lui a été fait. Elle ne s'en trouve pas digne. Elle est fascinée par ce miracle.

Moi, j'oscille entre la sidération et la joie. Je suis épuisée, vidée, comme après chaque transe, et encore plus aujourd'hui, vu mon état de santé. Mes mains sont tremblantes, glacées, creusées. Ma tête me tourne. Je dois reprendre mes esprits. Moi qui avais tant souhaité la rencontrer de son vivant... C'est un rêve qui s'exauce aujourd'hui, chez moi, douze ans après sa mort. C'est proprement prodigieux !

Justine et moi sommes complètement bouleversées, à peine remises de ce qu'il vient de se passer sous nos yeux. Mais la journée était bien loin d'être terminée. Soudain, un grand coup de vent dans ma cuisine, pourtant les fenêtres sont fermées...

Un vent de bonté,
Un vent de bien-être,
Un vent de partage et de bonheur,
Un vent qui vous enveloppe tout entière.
Il vous bouscule presque...

Un texte sur le mur, une soutane froissée que je distingue nettement sur le tableau dont le titre est *Ils errent*, puis une voix tonitruante que Justine reconnaît immédiatement, sans l'ombre d'une hésitation. Elle ne peut retenir ses larmes.

– J'ai marché sur des débris, sur des tas d'ordures. Comme vous en ce moment, j'ai enjambé des corps meurtris, des corps morts. La Terre agonise. Il y a urgence. Aujourd'hui, l'homme bascule dans la pauvreté du jour au lendemain. Urgent, urgent...

Et puis plus rien, plus un mot. La tension est violemment retombée. L'abbé Pierre est reparti, à peine est-il descendu quelques secondes... Une sidération absolue pour elle comme pour moi, le silence entre nous, aucun mot pour décrire cette visite éclair.

La vision a été d'une telle précision que j'aurais pu peindre l'abbé. Pourquoi ces deux anges sont-ils venus en même temps ce jour-là, peut-être sont-ils réunis Là-haut ?

Justine a accouché d'une petite fille, moins d'un an plus tard...

Mai 2020

Et pour terminer cette étrange journée, immédiatement après la venue de l'abbé Pierre, un flash foudroyant : dans trois ou quatre ans, vers les années 2024-2025, le monde sera à nouveau plongé dans la tourmente, la précarité va se propager à grande vitesse. Tout va se déliter. Comme une guerre civile. En France comme à l'étranger. Les virus seront de retour, le Covid n'a pas fini de nous torturer...

Sombre vision des années à venir...

Juin 2020

Un matin comme un autre, et mille questions dans ma tête. Dans mon premier livre, je me confiais à vous sur cette impossibilité à me définir. Aujourd'hui comme hier, et demain sans doute, je poursuis ma quête de réponses à mes sempiternelles interrogations.

Covid, pas Covid, un jour contaminée, le lendemain non... Qui suis-je ? Je ne sais qui je suis vraiment. Comme beaucoup d'entre vous, j'ai eu mon lot de roses et d'épines tout au long de mon chemin.

Écrire, écrire au jour le jour, un besoin, une nécessité pour moi, pour exprimer mes doutes, mes joies, mes impressions, mes inquiétudes, et mes flashs, effrayants, depuis l'arrivée du Covid-19.

Sur ma table de chevet, sur la table du salon, dans la cuisine, partout, mille papiers griffonnés. Des pensées jetées sur le premier support à portée de vue, une enveloppe usagée, un vieux cahier, mon agenda, un ticket de caisse, un reçu de carte bleue, n'importe où, mais vite je m'empresse de saisir l'instant présent, comme une fièvre.

Et je me plais à relire ces pensées fragmentées, des mots, des mots en mille morceaux :

De mon existence je fais mystère.
Mon aventure est mystérieuse et initiatique.
Je ne suis plus rien,
Ni personne.
Je viens du temps passé sur d'autres planètes
Où chantait l'eau des cascades.
Des jardins secrets, des fleurs du mal.

Une ancienne dédicace inspirée d'un tableau mystérieux qui me mettait en scène. Elle traîne sur un coin du buffet.

Depuis ma naissance, je suis dans une bulle d'air où je vole toute seule, animée par un souffle indéfinissable, une énergie unique. Comment expliquer ce que ressent la médium que je suis ? J'ai l'impression de pouvoir toucher l'air, de le ressentir dans mon être tout entier, d'atteindre le vide, gagnée par une liberté sans bornes. Une autre dimension que je suis seule à pénétrer, moi dont l'écoute est pleine de la souffrance humaine.

D'un seul coup, le ciel devient musique et la terre devient chant, je suis dans ma bulle feutrée, l'impression d'être aux premières loges d'un immense théâtre à ciel ouvert, pas une seule cloison, une lumière intense et un léger murmure comme un bruit de fond, harmonieux et si doux à mes oreilles !... Divin mélange pour converser avec nos proches, partis avant nous...

Depuis longtemps, par habitude et par nature, je vis au jour le jour, sans jamais prendre cette vie au sérieux. Je suis sans attache matérielle, saltimbanque, artiste, bohémienne, une fée pour certains. Mais est-ce que les fées volent ?

Je vis sans vivre. En apesanteur. Sans espace-temps. Il est trois heures du matin, j'ai les yeux grands ouverts. Nuit et jour, aucune importance. Ma vie défile dans un continuum sans repère. Pas de coupure, pas de date, pas d'âge. Dans ma bulle de bien-être, je suis insouciante.

Il arrive que mon corps perde sa matérialité, il est comme impalpable, fondu dans les éléments. Je ne fais plus qu'un avec l'air. Je vis ailleurs, je ne touche pas terre. Et, en même temps, je suis partout. N'importe où, et pour moi, dans mon esprit, nulle part. C'est ma vie, et je la vis bien. Sans folie. Elle constitue un équilibre, mon équilibre. Mon esprit est libre, sans frontières, il va où bon lui semble, en voyage perpétuel, c'est le Ciel qui me guide. Je le sais depuis toujours. Parfois, il me met des garde-fous. Des impressions récurrentes de rythme ralenti, de paroles ébauchées. Un jour, je peindrai cet univers que je suis la seule à percevoir, un univers de rêve, un bien-être absolu. Et, chaque fois, des images identiques : je visualise un entonnoir, un trou béant au fond...

Et, croyez-moi, je ne vis pas en eaux troubles. Très récemment, une amie m'a qualifiée de *pararéelle*. Elle n'a peut-être pas tort. Je côtoie, chaque jour, une *pararéalité* à laquelle seules quelques rares personnes sont capables d'accéder. Entre ciel et terre. Cette réalité est tellement éloignée de la réalité humaine qu'il est quasiment impossible de la décrire.

Comme si le langage humain était incapable de la contenir, de l'imaginer, d'y croire tout simplement, tant l'homme s'interdit de s'aventurer hors des frontières du réel.

En société, on me présente souvent comme une amie artiste peintre, rarement comme une médium. Amie précieuse mais amie *secrète*. Tellement difficile d'avouer publiquement que l'on confie sa vie, son destin, ses peurs, ses attentes, ses désirs à une tierce personne, que l'on renonce à son libre arbitre et qu'on perd le contrôle.

On redoute le moment de la rencontre. Qui est donc ce médium qui navigue d'une rive à une autre, entre deux dimensions, qui se dédouble au gré des interventions des défunts ? On s'attend souvent à voir une femme physiquement normale, mais en même temps une énigme, une anomalie. Vous m'invitez dans vos vies, et je lis en vous comme dans un livre ouvert, à l'abri des regards, dans le secret de la *confession*, le secret de la prédiction.

Pourquoi le médium, cet être à part, étranger à lui-même par instants, est-il encore en marge ? L'Histoire regorge de récits tragiques de ces malheureuses créatures, souvent des femmes, suppliciées à cause de leur don. Les religions n'ont jamais été très tendres avec ces êtres singuliers, assimilés à des sorciers étroitement liés aux forces obscures, aux démons, au mal. Leur don était considéré comme un affront aux religions, dont le pouvoir menaçait l'autorité.

Par chance, les mentalités ont évolué, et les médiums ne sont plus brûlés et torturés en place publique ! Ils sont invités à la télé, à la radio, certains ont même leurs propres émissions et accompagnent l'incertitude, la certitude, l'avenir, une démarche, avec le passé très lourd des hommes et des femmes qui osent venir à eux, en révélant des prédictions et en prodiguant des conseils de vie précieux. Remettre leur vie sur les rails.

Sans compter que la qualité et la précision des prédictions ont fini de convaincre les plus sceptiques, les plus cartésiens, jusqu'aux scientifiques et aux médecins mêmes avec lesquels j'ai si souvent été en lien...

Mais tout évolue si vite. Depuis 2015, les lignes ont encore bougé : on consulte son médium comme on consulte son médecin. À l'ère de l'image et d'Internet, le paranormal a envahi l'espace virtuel et travaille à la chaîne, dix minutes pour un petit déballage, trente minutes pour l'intermédiaire, et une heure pour la totale ! Incroyable, non ?! Se voir, se rencontrer, se toucher est devenu superflu, une parole anonyme et un écran entre les deux, on énonce des prédictions sans filtre, sans préparation, en espérant qu'elles ne sont pas le fruit de l'imagination de celle ou celui qui est derrière l'écran...

Le médium doit rester sourd aux fracas de *l'urgence* même s'il est souvent sollicité *en urgence* par des personnes désespérées, abandonnées, au bout du bout. Il est comme un *urgentiste* des âmes. Il ne peut accomplir sa mission à la chaîne. Les défunts qui l'utilisent comme canal puisent dans son énergie, qu'ils mettent à rude épreuve.

J'ai toujours considéré que ma mission consistait à réchauffer les cœurs. Je leur donne de l'espoir si je le ressens, en cas de contrariétés, de tristesse, de chagrin, de maladie, de décès, que sais-je encore, j'estime qu'il faut être mesuré. Adopter mille précautions, choisir et peser ses mots avec douceur et tact :

– J'ai bien l'impression que votre maman est un peu fatiguée, prenez le temps d'aller la voir, plus souvent…

D'un seul coup, un flash, une grosse moto qui s'écrase avec perte et fracas :

– C'est bien votre mari qui est fan de moto… Attention, qu'il soit prudent surtout… Je trouve qu'il roule un peu vite…

Toujours le dire avec douceur. J'ai rencontré trop de personnes complètement déboussolées par des voyants ayant annoncé des drames sans aucun filtre. Personne ne peut se permettre d'énoncer une catastrophe de but en blanc. C'est trop cruel.

En entrant en contact avec un médium, l'être humain touche à un monde à part, inconnu, bourré d'a priori, de pour et de contre. Toutes sortes de barrières dans la tête, des croyances fortes. Nous sommes tous en quête de sens et de réflexion. On échange, on communique, on s'oppose au rythme de discours divergents, mais il ne faut pas oublier que le propre de la fatalité, c'est de croire en nous-mêmes et d'être soutenus.

Depuis quelques années, et plus intensément depuis cinq ans, s'imposent à mes yeux ou à mes oreilles les mêmes mises en garde. Je n'en puis plus. Que faire ? Je me sens démunie, pourquoi me répètent-*Ils* cela sans arrêt ? *Ils* ont raison, mais que puis-je faire à mon petit niveau ? Informer, je suppose, vous informer, c'est peut-être ce qu'*Ils* désirent... Permettez-moi donc, ici, de vous retranscrire ce message de Là-haut, il est pour moi, pour vous, pour nous tous, pour l'humanité apeurée par cette avalanche de catastrophes qui envahit le monde depuis le 11 septembre 2001 :

Accrochés aux grilles du temps
Le ciel est noir, fumée, chaos, brouillards.
Les vautours, les misérables, les sans-Dieu
Tournent au-dessus de nos têtes.
Ils foncent, ils fendent l'air, le rythme s'accélère.
Fracas, hurlements, éclats de vitres, poussières et flammes,
La brèche se creuse, l'étau se resserre.
Les hommes et les femmes, habillés de soleil,
Fendent le ciel de leurs ailes
Comme une pluie d'étoiles.
Tous, tous accrochés aux grilles du temps.

Il faut maintenant rebâtir le monde avec de nouvelles bases, un monde neuf, un monde de partage. Il faut s'y atteler pour offrir un avenir meilleur à vos enfants, petits-enfants, et arrière-petits-enfants ; en fait, à vous tous. De plus en plus, aux quatre coins de cette vaste planète, vous êtes isolés, démunis face aux maladies, condamnés à la solitude, sans le moindre échange entre vous. Malgré les progrès enthousiasmants de tous ces chercheurs héroïques qui œuvrent inlassablement, dans tous les secteurs, à votre service.

L'homme doit reprendre la maîtrise de sa vie, faire cet effort, lui qui a pris l'habitude d'appuyer sur un bouton pour gérer sa vie, sociale, amoureuse, financière, familiale. Petit clavier, grand clavier, de l'aube au crépuscule, sous le joug de la lumière bleue. On ne se voit plus, on ne se touche plus, on ne se désire plus, on correspond...

Vous devez pouvoir compter les uns sur les autres. Ouvrez les yeux, des anges gardiens sont là pour vous, à chaque carrefour, vous ne les voyez pas, pire encore, vous refusez de les voir et de croire. Il y a des personnes qui souffrent, mais il y a aussi des personnes qui aident, des protecteurs d'un autre temps, des guides pour ceux qui s'égarent dans des chemins troubles.

Le monde est une constellation d'étoiles. Croyez donc en votre bonne étoile.

Été 2020

Les vacances arrivent, l'étau se desserre un peu... Couvre-feu et confinement, terribles pour tout le monde mais, pour moi, qui aime tant voyager et partir à la dernière minute, c'est une véritable torture. Mon amie Clara m'a invitée à Cannes, pour oublier cette épreuve d'isolement. J'accours. Je ne rate jamais une occasion de mettre le nez dehors. Je suis tellement malheureuse de cette pandémie qui n'est pas prête à plier bagage... Le bout du tunnel, fin 2022...

Soleil éclatant, temps clément, j'ai vérifié. Gare de Lyon, direction la Croisette. Après Lyon, tous les quais de gare, jadis bondés, sont déserts et traversés à pleine vitesse par le TGV, pas de mouvement, plus personne, plus de vie, plus de couleurs.

Il est un peu plus de midi lorsque j'arrive en gare de Cannes, qui fait elle aussi grise mine. Rien ne me décourage. Allons vite retrouver la pétillance cannoise, à deux pas de la gare. Je m'engage, pleine d'entrain, rue des Serbes, puis à droite l'incontournable rue d'Antibes pour descendre tranquillement jusqu'à l'hôtel de ville et au bord de mer. Les rideaux de nombreux magasins sont baissés et affichent, en gros : « BAIL À CÉDER ». Je ne sais même plus où je suis, je doute presque d'être à Cannes. Sur la Croisette, un petit brin de vie, le ballet des papis et des mamies, tous masqués, bien sûr, comme moi… Ils sont seuls ou en couple, bras dessus, bras dessous, après tant d'années, on ne se lâche pas, on se cramponne l'un à l'autre, et encore plus aujourd'hui, où notre vie ne tient plus qu'à un fil. Je suis seule, une mamie solitaire qui se sent bien, face à la mer, réchauffée par les rayons du soleil. Je prends le temps, j'arrête le temps, je profite de l'instant. Hypnotisée par le va-et-vient de la mer, inlassablement, elle roule en avant, elle roule en arrière, elle s'étale sur le sable chaud et inonde les petits galets de son écume blanchâtre. Plaisir des yeux, plaisir des sens… Les vagues chantent à mes oreilles une mélodie apaisante. La mer ne se fatigue pas, son rituel m'étourdit, mon esprit s'évade, au cœur de cet horizon bleu azur, continuité de la Méditerranée. Je suis bercée, mon corps se détend, il se libère de l'asphyxie générée par la pandémie mondiale.

Mon cerveau ne sait pas s'arrêter, il est toujours en mouvement. Ici et maintenant, il s'interroge sur l'origine du monde, de notre planète : pourquoi la mer ? Pourquoi le vent ? Et ces vagues perpétuelles ?

Je reprends mon chemin à travers des rues familières. Clara habite dans les hauteurs immédiates de Cannes, mais elle n'a pas pu venir à ma rencontre. Je marche doucement, le soleil me caresse le dos et me réconforte. Je croise un peu de monde, les plus jeunes qui courent dans tous les sens et qui vous renverseraient presque, ce sont les rois du monde sur leurs trottinettes électriques, ceux en skate qui vous passeraient entre les jambes s'ils le pouvaient et nous feraient tomber, nous les grands-mères... Les moins jeunes leur partagent timidement le trottoir, petit cabas à la main, baguette de pain sous le bras. Ils ont été beaux, jeunes, sportifs, une vie de course contre la montre pour arriver au bout. Ils ont été enfants, ils n'ont pas pris le temps de vivre pleinement, et les voici – et me voici –, à soixante-cinq, soixante-dix, soixante-quinze, quatre-vingts..., quatre-vingt-dix, et peut-être cent ans comme ma chère Roméa, abîmés, cabossés et déglingués. La démarche claudicante, canne ou déambulateur à la main ou figés sur un fauteuil téléguidé, ridés, plissés, courbés par le temps qui les presse. Les corps s'abîment comme l'esprit. À vingt ans, on a un moral d'acier. Rien ne peut nous arrêter, la vie est devant nous, le monde nous appartient. Mais, inexorablement, insensiblement, ce moral s'éclipse lui aussi, et la mélancolie s'installe, amère compagne de la solitude.

Je mesure, chaque jour, ma chance d'être encore si vaillante, sur mes deux pieds, marchant à la moindre occasion. Je me plais à penser que mon don a peut-être ralenti la course folle du temps, ou du moins freiné ses effets néfastes. Le partage, le don de soi, c'est peut-être le secret de la longévité. Pas le temps de penser à soi. Des milliers de personnes soutenues, ici et ailleurs, jusqu'au bout du monde. Et, aujourd'hui, cette infinie satisfaction au fond de moi, comme la magie d'un battement de cœur.

L'air de rien, j'ai cinq kilomètres dans les jambes. Je ne suis pas fatiguée, la marche est un rituel que je m'impose depuis si longtemps. Prête à continuer, sans aucune hésitation, mais avant, je fais une petite escale sur un banc pour m'hydrater un peu. Un banc face à la mer, bien sûr. Je suis seule, mais pour si peu de temps. J'attire les gens, c'est une énigme pour moi. Depuis mon plus jeune âge. Ils s'approchent, me parlent et très vite se confient. Le don, mon magnétisme probablement. Un couple masqué vient s'asseoir près de moi. *Bonjour, bonjour.* La dame est élégante, ses cheveux blancs coupés en carré flou sont brillants et bouclés. Une belle femme qui a dû plaire, en son temps, à beaucoup d'hommes et qui se refuse de baisser la garde... Elle s'agrippe au bras de son compagnon, un peu plus jeune, je dirais. Il est grand, le visage jovial, tout sourire. Ils sont beaux et en forme dans leurs tenues de sport à la mode. Cinq minutes à peine qu'ils sont assis, et voilà monsieur qui me parle du temps, du Covid, *cette saloperie de virus qui nous empêche de vivre !...* La petite dame le suit dans sa litanie, et nous discutons tant et tant qu'ils dévient très vite sur leurs maladies, les épreuves qu'ils ont supportées, cette vie qui ne fait pas de cadeaux... Cette fois, je n'ai pas envie d'entendre. Mon esprit ensoleillé s'assombrit. J'aime la vie, j'aime chaque instant de cette vie, pour ce qu'elle est et pour ce qu'elle donne. La dame évoque un cancer, une tumeur découverte par hasard il y a dix ans. Depuis, son dos la fait souffrir. Je ressens ses douleurs, elles sont intenses, pauvre femme. Ma voix déraille, elle se met parfois en mode autoprotection lorsque mon corps rentre dans le rouge. C'est insupportable.

Elle, elle ne voit rien et me complimente sur ma forme. *Mais je suis plus vieille que vous !* N'allez pas croire que j'ai un secret, j'ai des douleurs comme tout le monde, mais j'essaie de ne pas y penser, je me soigne et me masse avec mes petites huiles essentielles, de savants mélanges dont j'ai le secret, qui me font un bien fou, et hop, c'est reparti ! Des années que cela dure !

En écoutant cette petite dame, mon empathie légendaire a repris le dessus. Je lui conseille une synergie d'huiles essentielles. Une recette personnelle. Je ne peux me résoudre à la laisser partir sans lui fixer un rendez-vous sur *notre* banc face à la mer, dès le lendemain, à la condition que le soleil soit aussi de la partie. Nous nous quittons finalement après une bonne demi-heure, ma pause aura été plus longue que prévu...

Mon amie Clara est ravie de me voir enfin arriver. Elle commençait à s'inquiéter, mais elle me connaît et elle sait que le temps n'a pas d'emprise sur moi, je refuse qu'il me contrôle. Je fais à ma guise. Pas d'heure pour arriver, pas d'heure pour repartir.

Le lendemain, je file à mon rendez-vous. Je retrouve mon petit couple, Solange et André, qui m'attend déjà depuis plusieurs minutes. Ce rendez-vous sur *notre* banc a bien marché, trois jours de suite à heure fixe. Même s'il n'a pas été possible de lui apposer les mains partout, car nous étions dehors, en plein air, j'ai fait mon maximum. Dès le quatrième jour, en la voyant arriver avec André, j'ai immédiatement remarqué qu'elle ne lui donnait plus le bras, elle ne marchait pas allègrement, bien sûr, mais elle était bien *décoincée*. Elle ressentait une réelle amélioration de son état, elle était comblée tout autant que moi. En couple avec André depuis cinq petites années, elle l'aimait tellement qu'elle aurait voulu rester sur cette Terre le plus longtemps possible pour le rendre heureux. Il était si gentil. Je suis restée un mois chez mon amie, et j'ai magnétisé cette femme deux fois par semaine.

Nous n'avons même pas pu boire un café ensemble puisque, Covid oblige, ce n'était pas très prudent. Elle m'a donné son adresse pour le cas où, un jour, je reviendrais. Bien sûr que je reviendrai, peut-être... J'adore Cannes, une ville si enthousiasmante. Solange et moi correspondons depuis plusieurs semaines par mail. Elle applique à la lettre mes conseils de massages aux huiles essentielles et termine chacun de ses messages par : « Avec mon éternelle reconnaissance. » Une rencontre toute récente qui s'ajoute à mon capital énergie. Après quinze jours, je quitte Clara. On m'attend déjà ailleurs, comme chaque été.

La fin des vacances approche à grands pas. Une semaine chez l'un, une autre ailleurs, et me voici à l'avant-dernier jour de mes vacances, un peu déprimée à l'idée de rentrer chez moi et de quitter ce vieux mas provençal où je suis invitée régulièrement, et où je profite chaque jour d'un jardin extraordinaire de plusieurs centaines d'hectares, où regorgent une multitude d'espèces de succulentes aux cinquante nuances de vert..., des palmiers de toutes tailles, des lauriers-roses en fleur et une vieille fontaine qui trône au centre. Un été en mouvement comme chaque fois, un va-et-vient continuel d'amis et de connaissances, c'est le temps des retrouvailles, le temps des échanges, un rythme libéré de toute oppression temporelle, un tempo pour chacun. Évidemment, je ne les connais pas tous, mais tous me connaissent...

Quinze jours à cette cadence, sous un soleil de plomb. Le bonheur, pour la citadine que je suis ! C'est l'été, la saison la plus décomplexée entre toutes, des rencontres rapides et faciles, des échanges informels et spontanés. Pas de chichi... J'aime ces discussions à bâtons rompus, sans enjeu. Depuis quelques jours, je remarque un couple qui m'épie lourdement... Je suis déjà sûre qu'ils doivent avoir besoin de la fée Clochette. Après deux jours de préliminaires, ils tentent enfin une approche.

L'air de rien, ils en viennent rapidement à me questionner sur mon don... Je ne suis pas dupe, évidemment. Je les sens très cartésiens. Il y a une forte tension entre eux, ils sont en bisbille, c'est plus que probable. On parle de tout, de rien... De temps en temps, Monsieur jette un œil sur son épouse, une métisse au corps parfait, grande, élancée, pas forcément jolie mais sexy à souhait, avec un charme fou, un peu mielleuse aux entournures, trop obséquieuse pour être honnête... Elle cache quelque chose, j'en mettrais ma main au feu ! Monsieur finit par se présenter : Serge, un architecte lyonnais, plutôt beau mec, mais il me semble être aussi raide que les traits tirés sur ses plans, un tantinet « angle droit » ! Il observe plus qu'il ne parle, avec en prime des regards en chien de faïence pour sa dulcinée.

Oh là là, ça sent mauvais... Ce couple, marié depuis quinze ans, est sans enfant. Ils ont la petite quarantaine tranquille, en apparence. Ils attendent quelque chose de moi, surtout lui d'ailleurs, mais je ne veux pas m'immiscer. Je suis en vacances et je compte bien en profiter jusqu'à la lie. Je poursuis donc ma balade journalière en prenant un chemin de traverse. Je les sème élégamment mais allègrement.

Répit de courte durée, le lendemain matin, comme par hasard ou pas..., je me retrouve nez à nez avec le beau Serge. Il marche au pas de course, un vrai sportif. Il s'entretient et ne fait pas semblant. Ses cuisses sont musclées et toutes bronzées. Tiens, tiens, il est seul, sans sa grande Ambre. Je ne veux surtout pas le déranger dans son sport préféré, je lui fais juste un petit signe de la main, mais il m'apostrophe avant que j'aie eu le temps de m'éclipser :

– Monique, Monique ! Pardon, pardon de vous interpeller de la sorte. Je n'ai pas osé, hier. J'ai su par la bande que vous étiez une médium hors pair. Si vous le permettez, puis-je vous demander un petit renseignement. Sans trop vous déranger... S'il vous plaît, Monique, c'est important pour moi.

– Pas de problème, Serge. Allez-y, je vous écoute.

– J'ai une très grande maison à Lyon... que ma femme et moi habitons depuis notre mariage...

On dirait qu'il tarde à me lâcher le morceau, tant ses hésitations sont nombreuses. Je m'attends à des confidences sur Ambre mais, au contraire, de ce côté-là, tout va très bien entre eux, Madame la marquise !

Et voilà qu'il me raconte une drôle d'histoire :

– Vous savez, Monique, depuis douze ans, je cache chez moi des papiers, et un peu d'argent aussi... Ces papiers sont très, très importants, et je n'ai pas confiance en Internet. Ils sont à la maison, à l'abri des regards. Même Ambre n'est pas au courant. Depuis un mois, impossible de les retrouver... J'ai remué ciel et terre, rien de rien... J'en ai vraiment besoin, il faut que je remette la main dessus. S'il vous plaît, Monique, je vous en prie, c'est vital pour moi, je vous en supplie... Ce ne sont pas de simples papiers, et j'en ai besoin dans trois jours.

Je le laisse achever son récit, il est essoufflé et très inquiet. Je ne lui demande aucunement la teneur des papiers, ce n'est pas primordial pour les localiser :

– Je comprends, Serge. Il me faudrait néanmoins une photo de votre maison. Cette nuit, dans ma chambre, je regarderai avec mon pendule si je peux vous mettre sur la piste de ces fameux papiers. Je ne garantis rien. Mais je veux bien essayer. Surtout, pas de fausse joie !

Je suis en vacances, et, comme d'habitude, une nouvelle mission m'est imposée par Là-haut. Ce n'est pas grave, cela ne devrait pas me prendre beaucoup de temps, tant pis, je vais essayer de faire plaisir au *beau Serge*... qui m'a l'air complètement perdu. Il insiste, il me presse, il me touche.

Serge et moi nous quittons rapidement, car je suis conviée à une sortie en mer aujourd'hui. J'ai la chance, rare, d'être très à l'aise sur un bateau, aucun petit dérangement à bord et à tribord ! Je vais à la découverte d'une petite crique sauvage qui est, paraît-il, exceptionnelle. Après une heure de traversée, nous arrivons. L'endroit tient toutes ses promesses. C'est paradisiaque. Le soleil jette, sur cette eau claire et limpide, ses reflets d'argent. Belle journée de détente, une totale déconnexion. Des moments devenus rares, mais qui me sont essentiels. Retour du groupe en début de soirée, dans les rires et les soupirs de fatigue...

Après un dîner frugal et sans prolongation, je ne tarde pas à tirer ma révérence. En ouvrant la porte de ma chambre, je distingue, par terre, glissée sous ma porte, une enveloppe avec un numéro de téléphone inscrit. Je l'ouvre et découvre une série de photos sur lesquelles il y a une maison d'architecte, contemporaine et originale. Des grandes vitres à gogo, de la lumière partout, et un jardin paysager, au cordeau, où tout est à sa place...

Ce petit rappel tombe à pic, j'avais quelque peu oublié *l'épisode* Serge et sa sollicitation. Je me mets au travail sans perdre un instant, car je suis épuisée par ma balade en mer. Je me concentre sur sa maison, l'intérieur et l'extérieur. Serge n'a rien pu préciser sur un endroit en particulier, car il faisait exprès de changer souvent de cachette pour brouiller les pistes. Cela peut être long, je le crains. Et pour cause, plus d'une heure pour passer au crible son immense bâtisse. Plusieurs chambres, une cave à vin, un grenier, des dépendances et le jardin... De bas en haut, pièce par pièce, centimètre par centimètre. Ma main s'engourdit, je ne suis pas loin de laisser tomber. Le pendule est droit comme un I. Il ne bouge pas, pas l'ombre d'un frémissement. Pour finir, je m'attaque à un drôle de grenier, sous le toit-terrasse. Le pendule s'agite enfin. Je suis donc au bon endroit. Il était temps. J'ai un peu mal au bras. Le grenier est entièrement aménagé, des bibliothèques parcourent les murs. Des vieux livres, des revues, des boîtes cartonnées, des factures, des devis...

Je finis par visualiser une grosse enveloppe en papier kraft usagé, sans aucune inscription dessus. Elle semble avoir été manipulée des centaines de fois. Je suis sûre de moi. Inutile de perdre plus de temps, je m'arrête sans faire le tour complet, c'est l'enveloppe égarée.

J'envoie immédiatement un petit texto à Serge, pour l'informer du résultat de mes recherches. Je joins au message la photo du grenier, sur laquelle j'ai mis une petite croix qui précise l'endroit improbable où est cachée l'enveloppe. Derrière de derrière de derrière des poutres, invisible à l'œil nu... Une réponse de Serge dans les secondes qui suivent. Des mercis à foison, des cœurs, des baisers, une légion d'émoticônes... Il était aux aguets, notre Serge ! Il m'informe qu'il repart à Lyon le lendemain, il a hâte de revoir ses chers papiers. Mission accomplie ! Ma nuit peut enfin commencer.

Aujourd'hui, dernier jour de vacances, le départ est prévu dimanche aux aurores. J'ai bien cru que mes derniers moments de repos allaient être consacrés à Serge et sa femme. Finalement, une banale histoire d'objet perdu, sans conséquence sur mes précieuses vacances. Pourtant, j'avais un pressentiment différent. J'étais bien convaincue que le couple était au bord de la faillite. Mais on peut se tromper. Personne n'est infaillible. Alors, bon voyage et bonne chance à tous les deux !

Ma dernière journée est en demi-teinte. Mon esprit hésite entre deux options : savourer l'instant présent, les parfums floraux du jardin, la chaleur douce de la matinée, la piscine, le bord de mer ou m'atteler à ce que je diffère depuis quelques jours : la préparation des bagages... Très vite, je tranche. Ce sera le *carpe diem* jusqu'à l'heure du déjeuner, le reste peut encore attendre. La vie m'a appris depuis longtemps que c'est l'usage que l'on fait du temps qui lui donne toute sa valeur.

Un lundi, à la maison. Je suis rentrée chez moi hier soir, et ce matin le compte n'y est pas : plus de soleil, plus de cigales, plus de palmiers majestueux... La messagerie du fixe est saturée. Je déprime déjà. Je sursaute à chaque notification de mon portable. Harassée par ces appels incessants. *Oublier et se faire oublier*. Une douce illusion, à laquelle j'ai dû renoncer, bien malgré moi. Toujours un appel au secours, une détresse, un danger imminent, une question de vie ou de mort qui n'en est presque jamais une... Évaluer l'urgence, rassurer, consoler, magnétiser à distance, si besoin, être présente, toujours, pour toujours, jusqu'à mon dernier souffle. Jamais de trêve. Une mission de vie qu'il m'arrive parfois de... Mais je réponds systématiquement, même si cela peut prendre du temps.

Aujourd'hui, une fois encore, j'avais raison... On me dit toujours que mes intuitions sont impressionnantes. Mais c'était les vacances, et je me suis empressée d'étouffer cette petite voix qui me murmurait à l'oreille : *« Non, non, non, Monique, l'histoire est loin d'être terminée... »*

Deux jours après son départ, je reçois un coup de fil de Serge. Il attendait mon appel. Il m'apprend alors qu'il a déjà laissé plusieurs SMS que je n'ai pas eu le temps de lire. Je suis très étonnée. On ne se connaît pas, ou si peu. Un échange, un mot, à peine deux, des papiers égarés, un coup de pendule par gentillesse, et fin de l'histoire.

Sa voix... C'est le ton de sa voix qui me trouble immédiatement, elle est presque inaudible, et ses propos tellement confus. Il ne parvient presque pas à s'exprimer, je ne comprends rien à ce qu'il tente de me dire.

– Serge, il y a un problème ? Vous n'avez pas trouvé les papiers ? Dites-moi !

Brusquement, un silence pesant, une éternité.

– Monique, Monique, Monique, je n'ai pas retrouvé les papiers, enfin si..., je les ai trouvés, comment vous dire ? J'ai retrouvé des papiers, mais pas tout à fait ceux que je cherchais...

— Serge, j'ai un peu de mal à vous suivre. Ces papiers si importants, vous les avez trouvés, oui ou non ?

— Oui et non...

Les mots restent bloqués au fond de sa gorge. Avouer l'inavouable, l'impensable, l'inconcevable...

— Le pot aux roses, Monique, voilà ce que j'ai découvert au grenier...

— Mais de quoi parlez-vous, Serge ?

Ma première intuition était la bonne, les bases du couple étaient bien fragiles. Ambre, je suis sûre qu'il s'agit d'elle, jouait bien la comédie, trop peur que la médium ne dévoile à son mari l'ombre au tableau...

— Elle me quitte, Monique !!! Ambre, elle va partir avec mon ami, notre ami, son amant, c'est quelqu'un avec qui je travaille et que je connais bien. Monique, vous ne pouvez pas imaginer à quel point je suis blessé. Vous m'avez guidé vers son secret, sans rien soupçonner. Elle aussi cachait une enveloppe dans notre maison, une enveloppe pleine de lettres d'amour, des lettres d'un autre homme que moi, et des photos de ces deux traîtres. Insupportable pour moi... Deux ans d'infidélité, deux ans de mensonges, deux ans perdus... Comment avez-vous pu m'envoyer dans cette direction ? Pourquoi, Monique, pourquoi ?

— Je ne sais pas, je suis comme vous, Serge, je suis atterrée... Ça ne m'est jamais arrivé.

— Vous voulez savoir, Monique ? Peu importe. Ça n'a plus aucune importance, maintenant...

Je n'avais rien vu, il est vrai, et pour cause. Pas de différence entre son enveloppe et celle de sa femme. J'ai trouvé celle dissimulée par Ambre en premier, et je n'ai pas jugé utile de pousser plus avant mes investigations dans le grenier ; et, d'ailleurs, pourquoi l'aurais-je fait ? Il avait caché une enveloppe en papier kraft, j'avais retrouvé une enveloppe en papier kraft. Mais, quand le destin s'en mêle, tout peut très vite s'emballer... Et peut-être même que ma mission avait été planifiée ainsi. Pour faire éclater au grand jour un secret devenu trop lourd, trop encombrant, trop difficile à cacher...

– Certes, ce n'était pas les bons papiers, Serge. C'est comme s'il fallait que vous soyez préparé à son départ.

– Vous avez probablement raison, Monique. Dans une de ses lettres, elle l'évoque d'ailleurs. Me quitter à Noël, pour retrouver son amant, mon ami. Dans quelques mois à peine... Le plus dur va être de la confronter à ses mensonges. J'ai peur, peur qu'elle me quitte, peur qu'elle me mente, je l'aime encore, Monique.

Que conseiller à ce pauvre homme qui a fait une chute de dix étages d'un seul coup ? Aucun doute sur sa femme, il était persuadé de la solidité de son couple et de la pureté de son amour... La parole doit être libérée, maintenant il doit aller jusqu'au bout. La méprise d'enveloppe lui a ouvert la voie.

Évidemment, on se quitte vite. La gêne est à son comble, des deux côtés. Je suis tellement dépitée pour Serge. Difficile d'apprendre aussi brutalement l'infidélité de sa femme... Un uppercut en pleine face !

Journée de retour de vacances qui vire au cauchemar. Je suis doublement déprimée : d'être rentrée de vacances et d'être, bien involontairement, à l'origine d'un drame conjugal... Pour ajouter à ce tableau déplorable, Ambre me contacte en début de soirée. Pas envie d'échanger avec elle. La situation m'a pesé longtemps, toute la journée. Je ne veux pas m'endormir avec cette tragédie. Je finis par décrocher. On ne sait jamais. J'espère qu'il n'est rien arrivé à Serge... Un geste de désespoir, et c'est une vie qui vole en éclats... Après des salutations sommaires, Ambre me remercie infiniment.

– Monique, je suis désolée de vous déranger, mais je tenais à vous remercier du fond du cœur, de vive voix. Merci, merci beaucoup. Je suis extrêmement soulagée, si vous saviez. J'ai essayé mille fois de tout avouer à Serge, mais je n'en ai jamais eu le courage. Ça fait trois ans que je ne l'aime plus, je fais semblant depuis trop longtemps. Ça ne pouvait plus durer ni pour lui ni pour moi. Je crois que j'aurais fini par me sauver et fuir avec mon bel amour, sans rien dire. Serge et moi avons longuement discuté. Ça n'a pas été facile, vous vous en doutez. Il n'a pas compris, mais il accepte. Je vais partir vite, dans quelques jours. C'est préférable, je crois. Serge est abattu, mais, je le connais, il va se remettre. De nous deux, c'est lui qui a toujours été le plus courageux, le plus fort, un vrai roc. Il va venir vous voir. Il veut vous parler, il vous a trouvé fantastique, et moi aussi, Monique, sur ce point nous sommes d'accord ! Prenez bien soin de lui. Encore merci, vous êtes un ange, vous m'avez délivrée d'une situation inextricable. Cette erreur a été, en quelque sorte, ma délivrance. La clé de ma nouvelle vie.

Lors de notre première rencontre, j'avais bien senti qu'Ambre n'était plus attachée à son mari. Lui l'aimait beaucoup, et elle plus du tout. J'ai été l'instrument du destin : participer au bonheur futur de l'infidèle et ouvrir les yeux de son mari. Ô piège de l'amour ! Sentiment déstabilisant et déstructurant. Un immense chagrin du côté de notre beau Serge, des pleurs, les affres de la vie ; et, de l'autre côté, des papillons dans le ventre, ces fameux papillons qui font croire que l'herbe est plus verte ailleurs, un cœur qui bat à nouveau au rythme de la romance. Bâtir une nouvelle vie sur le chagrin de l'autre… Tout détruire et tout reconstruire.

Chemins de l'amour
Le fleuve coule, et avec lui le temps.
Les oiseaux s'envolent.
Une lumière dorée
Nous enferme dans un cercle magique,
Notre amour en musique.

L'expérience m'a appris qu'en amour l'absolu n'existe pas, quoi qu'on en dise.

Septembre 2020

Un mois à la maison à profiter des derniers rayons du soleil, et surtout à peindre. La peinture est devenue une passion à laquelle je veux consacrer tout le temps qu'il me reste à vivre, mon dernier petit tour sur la Terre...

Je peine à finir cette toile commencée depuis quatre jours. Du blanc et du bleu. Rien ne se dessine vraiment. Aujourd'hui, on me guide vers la partie inférieure du tableau, à droite. Au milieu de cette immensité de bleu, un couple. Je commence par l'homme. Il est de dos, grand, brun... Sa silhouette me renvoie brutalement à celle de l'homme avec lequel j'ai partagé vingt-cinq ans de vie commune. Mon pinceau est bloqué, figé dans l'air. Mon esprit s'évade soudain. Notre première rencontre, en vacances, à la fin de l'été.

Je n'aurais pas dû partir en vacances, cette année-là, et encore moins avec Marion, la fille d'une amie. Mes enfants, eux, étaient partis en vacances, avec leur père. Mais le destin est toujours tracé. Sans le savoir, on n'y va pas, on y court. C'est ainsi depuis des millénaires.

Nos journées se ressemblent: farniente et bronzette. Nous n'avons qu'une petite semaine. Pas de temps à perdre. Un jour, alors que nous étions allongées côte à côte sous notre parasol, comme d'habitude, un jeune homme attire l'attention de Marion. Elle est subjuguée et ne cesse de reluquer ce grand brun. Je suis indifférente à son petit manège et lui propose d'aller faire un tour pour lui laisser le champ libre.

À mon retour, c'est toujours le point zéro ! Rien ne s'est passé. Des empotés ! Aucun des deux n'a fait le premier pas. Marion est affamée et décide d'aller déjeuner à son tour. Notre inconnu, profitant de son départ, sort alors de sa réserve et s'approche.

Des banalités d'usage sur le temps, le lieu, les vacances… Il s'accroche à moi, me suit pas à pas et ne cesse de relancer la discussion. *Il irait bien avec ma jeune amie*, pensai-je… Ils ont probablement besoin du petit coup de pouce du destin…

Au bout d'une bonne heure, Marion nous rejoint et se réjouit d'engager enfin la conversation avec notre nouvel ami. Pour clore la journée, une invitation, le soir même, au restaurant pour ne pas rompre le charme. Je n'y tiens pas spécialement, ayant très envie de les laisser dîner seuls, en tête à tête. Il ne me reste plus que trois jours avant de rentrer à Paris, et le temps est précieux.

Mais on ne me donne pas le choix. Je me laisse donc convaincre par une soirée dont je sens qu'elle sera agréable, en tout cas pour l'une de nous deux. Le repas du trio tient toutes ses promesses, Marion est aux anges, et notre hôte intarissable. On rit, on se raconte des tranches de vie, on se quitte coordonnées en poche, on se rappellera, peut-être ou peut-être pas...

Les vacances s'achèvent délicieusement. Pas de contrainte, pas de montre, pas de pression. Un lâcher-prise comme je les affectionne.

De retour à Paris, ma vie reprend son cours normal, je retrouve mes enfants. Une parenthèse au soleil rapidement oubliée pour les sorties piscine, parc et copains.

Sans crier gare, un matin, une voix familière au téléphone :

– Coucou, c'est J. Tu te souviens de moi ?

– Bien sûr que je me souviens de toi.

– J'ai très envie de te revoir. On se fait un petit resto ?

– À l'occasion, pourquoi pas ?

– Moi, j'ai envie de te revoir très vite !

Pourquoi donc tient-il tant à me revoir ? Il est si différent de moi, si jeune. Mais il insiste. Je décline poliment, avec tact et douceur, toujours.

Mais il n'est pas homme à renoncer, je m'en suis rendu compte durant les six mois qui ont suivi. J. n'a pas hésité à venir et revenir me voir, quatre-vingts kilomètres nous séparaient. Il a souvent fait le déplacement, en train, pour rien, sonnant à une porte qui ne s'ouvrait jamais pour lui.

Je reconnais que la différence d'âge me freinait. Quel avenir entrevoir avec cet homme ? Combien de temps ? Ce temps qui nous tient à sa merci et joue avec nos sentiments et nos peurs. Vingt ans entre nous, un gouffre, et pour moi une impossibilité. J. s'obstine, malgré les refus successifs. Il ne doute pas, il sait déjà ce que je me refuse à voir. Le destin est en marche et lui donne toutes les raisons d'espérer.

Il est si malheureux, mais l'amour le transcende. Un week-end où je suis seule, je finis par entrouvrir la porte pour un café, et pas un soupir de plus ! Je garde de lui le souvenir d'une allure désinvolte, la barbe négligemment travaillée, l'œil confiant et l'allure posée. Une rencontre entre tendresse et amitié, et une peur qui me tordait le ventre à chaque visite.

Peur de flancher, peur de lâcher prise, peur du regard des autres, peur d'une nouvelle relation après un divorce douloureux, peur de faire confiance à nouveau et de découvrir celui dont on ne sait rien...

Peu à peu, des habitudes. Souvent. Des goûters, des déjeuners, des dîners... La confiance s'installe et, enfin, cède le pas à l'amour, après six mois d'attente pour lui. Une vie à deux très vite, au diapason, rythmée par des sentiments réciproques et puissants. Un chemin de vie semé de roses, sans aucun nuage, des attentions quotidiennes, une alchimie exceptionnelle. Je me livre en toute confiance à ce destin qui a sonné tant de fois à ma porte.

Contrairement à moi, J. était fils unique. Il ne s'est jamais beaucoup étendu sur sa famille. Avec sa mère, ils avaient suivi son père parti s'installer aux États-Unis. Un an et demi, au soleil de la Californie, dont il n'avait presque plus aucun souvenir.

Après une bonne année de vie commune, un jour, un flash. Fort et lumineux. Il est pour J., c'est la première fois :

– C'est drôle, je vois un prénom et un homme qui glisse un mot sous une porte. L'écriture est bizarre, on dirait celle d'un étranger. Je pense que c'est ton père. Tu auras des nouvelles sous peu. Tu verras.

– Impossible, tu entends, c'est impossible ! Je n'ai jamais revu mon père depuis mes cinq ans. Ma mère et moi sommes rentrés en France après une année en Californie, et nous n'avons plus jamais eu, ni donné, de nouvelles.

J. est en pleurs. Enfant, il a rêvé si souvent de revoir ce père absent. Il en a souffert toute sa vie. Il ne peut y croire, une jeunesse entière à attendre, à espérer, en vain. *C'est impossible, c'est impossible !*

Mais le flash a tracé sa route, et, trois mois plus tard, J. qui passait le week-end chez sa mère trouve, sous la porte, la lettre annoncée par ma vision. Une lettre de son père, venu des États-Unis. Il veut le voir. Vite. Il avait griffonné son numéro de téléphone et attendait que son fils l'appelle. Il était en France pour quelques jours seulement.

J. est désemparé, il ne sait quoi décider. Revoir ou non son père, devenu un parfait étranger dans sa vie. Il est anéanti. Il veut mon avis. Je sens qu'il doit rencontrer cet homme revenu de son passé, subitement. Je l'encourage dans sa démarche. Il hésite, il ne veut pas froisser sa mère qui a tiré un trait sur son passé et sa vie commune avec cette ombre.

J. a besoin de temps. La nuit va lui porter conseil, il aura les idées claires à son réveil et saura prendre la bonne décision pour lui.

Au matin, il prend le téléphone sans aucune hésitation. Je n'oublierai jamais cet appel à la fois émouvant et inquiet, et toutes ces lueurs d'espoir dans ses yeux.

Rendez-vous pris dans un restaurant au cœur de Paris, pour un premier déjeuner d'approche. J. n'a pas dormi, la nuit qui a précédé leurs retrouvailles, il ne tenait pas en place, allant et venant dans la maison. En se levant, aux aurores, il est comme un enfant, excité à l'idée de revoir son *papa*...

Je ne suis pas inquiète, je sais que la rencontre va bien se passer, pour l'un comme pour l'autre. Le soir, quand il est rentré, plus tôt que prévu, il a fait les cent pas, nerveux mais heureux, il a retrouvé son père et, en prime, son équilibre.

Peu de confidences, ce n'était pas son habitude, mais une phrase capitale :

– En découvrant mon père, je me suis vu ! Je suis son portrait craché ! C'est juste incroyable !

Le lien coupé depuis une éternité est de nouveau rétabli. Des lettres traversent l'Atlantique régulièrement, une belle correspondance entre le fils et le père retrouvé. Des appels téléphoniques où les deux hommes se découvrent, s'apprécient, se confient.

Un flash, à nouveau, un soir. Nous sommes tous les deux, dans le salon. Sur un tableau, un message : son père a des ennuis de santé. Cela pourrait être grave. Je comprends que J. doit se rendre chez son père, sans délai.

Il envisage d'aller le voir et souhaite que je l'accompagne. Le lendemain, il prend vite des nouvelles de son père. Ce dernier ne veut pas alarmer ce fils unique qu'il vient de retrouver après de si longues années. Il est un peu souffrant, mais rien de grave. J. est rassuré par les paroles d'un père qui, par amour, masque l'odieuse vérité.

De mon côté, j'insiste à nouveau pour qu'il ne tarde pas à lui rendre visite, c'est important. Il faut y aller, maintenant. Il n'y a pas une minute à perdre, je sais que le temps est compté. Mais il est tellement difficile de dire à l'homme qu'on aime que son père va mourir sous peu. J. ne cesse de différer. Toujours quelque chose pour retarder l'éventuel départ : le travail, les vols... Jusqu'au jour où sa belle-mère l'appelle. Son père avait, en effet, refait sa vie en Californie.

– Ton père va mal, très mal. Les médecins ont diagnostiqué un cancer digestif agressif. Il faut venir rapidement ! Il veut te voir.

Je reviens à la charge, *il faut partir, aujourd'hui*. Mais il prend deux jours pour finaliser son départ. Deux jours de trop. Deux jours fatals.

– Ton père est mort, cette nuit. À l'hôpital. Je suis tellement triste pour vous deux.

Sa belle-mère, à nouveau au bout du fil. Elle sanglote, mais parvient à lui annoncer la terrible nouvelle. Il est le premier averti, selon les volontés de son père. La maladie a été la plus forte et n'a pas laissé au fils le temps des adieux.

Un rendez-vous manqué que J. regrettera longtemps, très longtemps. Un temps infini à s'en vouloir et à pleurer sur la disparition de son père dont il n'avait pu profiter que quelques mois, un cadeau inespéré de la vie.

Ne jamais remettre à demain, le temps se moque de nous et de nos états d'âme. Faire sans attendre, vivre sans suspension, rien ne dure. Le temps est un luxe dont il faut parfois payer le prix fort.

Octobre 2020

14 octobre 2020. Le temps n'est pas à la légèreté, ni à l'art. La culture est en berne. Tombée dans les oubliettes du Covid-19..., mais pas pour moi. Cela fait quinze ans aujourd'hui, et j'y pense à chaque anniversaire. Un vernissage inoubliable, galerie Epsilon, dans le 3e arrondissement de Paris. Ce soir-là, pour la première fois de ma vie de peintre, je sens au fond de moi que j'ai le vent en poupe. La soirée s'annonce sous les meilleurs auspices pour la présentation de mes toiles. Une mise en lumière en grande pompe, dans le Marais. Une galerie à deux étages où ma famille et mes amis proches déambulent, les yeux écarquillés en découvrant mes créations.

Je me souviens de mon arrivée. Impossible de se garer. Aucune place disponible. On me dépose devant la porte. Mon Dieu ! Déjà, une file énorme de curieux qui patientent avant l'ouverture, dans un petit quart d'heure. J'ai du mal à me frayer un chemin jusqu'à la porte. Je toque timidement à la vitre. Le vigile me regarde de haut en bas, sans réaction.

Il ne connaît probablement pas le peintre qui expose. Mais le directeur de la galerie arrive à point nommé pour dissiper toute indélicatesse.

Je pénètre dans la première salle, au rez-de-chaussée, et j'entends qu'on m'appelle de tous côtés : « L'artiste ! L'artiste ! Voilà l'artiste ! »

Je suis grisée, énervée, inquiète. Ce soir, pour l'occasion, une tenue de bohémienne qui me ressemble. Une longue robe blanche évasée, genre broderie anglaise, mes petites sandales dorées aux pieds et, pour couronner le tout, des breloques en veux-tu en voilà autour du cou, des chaînes de toutes les longueurs, autant de bracelets autour de mes bras nus, de longues créoles aux oreilles, je dois bien avouer que j'étais à mon avantage, une vraie diseuse de bonne aventure !

Je jette un coup d'œil rapide sur le buffet, dans un renfoncement à gauche, tout est organisé selon mes recommandations. Je retourne dans la salle principale. C'est à peine si je reconnais mes toiles.

Une organisation picturale originale. Les tableaux à dominante de rouge, orange et jaune sont exposés ici. Ils s'entrelacent, et chacun trouve sa place. Une idée de génie. C'est saisissant. Sous le feu des spots, mes toiles sont sublimées, c'est un véritable tour de magie. L'énergie du rouge se déploie sous nos yeux. Je suis sous le charme.

Mais le meilleur reste à découvrir. Au centre, sur un chevalet, le clou du spectacle : *Chemins de l'amour*. C'est un grand format, 1 m x 80 cm. J'aime cette toile. Peu de temps pour la réaliser, par une belle nuit de printemps. L'orange éclatant et le rouge envahissent le centre du tableau. Comme un lac immense, dont les contours hexagonaux peuvent suggérer ceux de la France. Plusieurs chemins proposés pour atteindre l'amour. Une nature simplement exprimée, des arbres fins et des feuillages qui oscillent entre le blanc, l'argent et le marron glacé. Une harmonie prégnante, quasi envoûtante.

Les premiers à entrer sont mon cher ami Christian et mon Guy, professeur aux Beaux-Arts. Ils s'extasient, ils sont déjà sous le charme au premier coup d'œil. Guy est totalement enthousiasmé. Comme à son habitude, il cultive son look d'artiste : aux pieds, ses chaussons de danse, un pantalon moulant et son incontournable veste en toile bleu marine. Il ôte ses lunettes pour mieux voir encore. Il n'en croit pas ses yeux et me serre dans ses bras, en proie à une émotion si forte qu'elle doit être partagée.

Arrivent la famille et tous ces inconnus venus à ma rencontre. On se faufile partout, regard de biais, de côté, arrêt net devant les toiles, des sourires se dessinent sur les lèvres, on dirait bien que les toiles plaisent. Je suis heureuse.

Un couple admire en silence *Chemins de l'amour*. C'est comme s'ils retenaient leur respiration. Ils sont figés devant cette toile. Je ne sais pourquoi, mais ils me touchent. Je m'approche et me présente à eux.

— Bonsoir, je suis Monique Jorland.

— Jean-Charles.

— Béatrice. Enchantée !

Elle commence la première, bredouille des compliments, mais ils parlent d'une seule voix et se coupent la parole. Chacun veut s'exprimer le premier, en même temps. Je sens que les apparences sont trompeuses, il ne s'agit pas d'un couple, j'en mettrais ma main à couper. Probablement deux amis de longue date. Une complicité entre les deux, qui ressort malgré eux. C'est drôle, ils sont amis, mais je ressens qu'ils ont souvent des discussions orageuses, et que leurs avis divergent sur de nombreux sujets. Pourquoi se sont-ils arrêtés devant un tableau dédié à l'amour ? Je ne perçois rien de tel entre ces deux-là...

Jean-Charles profite d'un petit silence pour s'exprimer sur la toile et me poser mille questions :

— Ce tableau m'a interpellé sans que je sache vraiment pourquoi. Peut-être l'ensemble, ces couleurs, une palette chatoyante d'une rare intensité, les formes aussi. Une peinture instinctive et sensible. Je le trouve magnétique !

— C'est lumineux et poétique ! Il vient du cœur. Comme j'aimerais trouver le chemin de l'amour ! Si j'étais sûre qu'il me porte bonheur, je l'achèterais sans l'ombre d'une hésitation.

– Béatrice, chacune de mes toiles a un message pour celui ou celle à qui elle est destinée. C'est ainsi, depuis mon premier tableau. Ce n'est pas moi qui décide. Cette œuvre porte en elle des promesses d'amour infini. À vous de voir. Si les *Chemins de l'amour* sont pour vous, vous repartirez avec.

Je ne peux rester plus longtemps auprès d'eux, on me réclame un peu partout. Et pourquoi ? Et quand ? Et comment ? Les visiteurs sont friands de détails sur la genèse des toiles. Ils veulent tout savoir, tout comprendre, tout expliquer.

Mais ma peinture est un don qui ne s'explique pas. Elle est vraie et intuitive. Elle s'exprime librement, simplement, sans règle ni préméditation. Avec douceur et générosité. Sans détour. Je crois qu'elle me ressemble.

En sous-sol, je découvre la série des bleus. Des nuances qui me foudroient. Bleu marine, bleu indigo, bleu ciel, l'eau, l'azur, la glace, les profondeurs mystérieuses des fonds marins.

On se presse autour de moi. Un compliment à droite, à gauche, des salutations, des mains serrées.

Nous sommes en fin de vernissage. C'est le temps de la collation, du champagne et des petits fours ! J'y retrouve Jean-Charles qui me cherchait. Il arbore un sourire de détresse. Il me glisse à l'oreille qu'il s'apprêtait à laisser un acompte pour *Chemins de l'amour*, mais un autre visiteur a été plus rapide que lui. Il est tellement malheureux d'avoir perdu la mise ! Durant l'exposition, il a appris que j'étais médium. Il aimerait me parler davantage, à un moment plus propice. Je lui communique mes coordonnées, il saura bien me retrouver.

Dans l'encadrement de la porte d'entrée, Béatrice me salue de la main, et je les vois filer à la hâte vers le métro.

Mes proches me kidnappent et m'emmènent dîner chez Guy, qui avait tout préparé sans me le dire. Une soirée unique, dans un lieu consacré à la peinture. Des toiles, partout, sur tous les murs. Des nus à gogo, des abstraits immenses, aux couleurs ensorcelantes. Un retour à la maison, au petit matin...

Dans la journée, un appel du galeriste qui est fier de m'annoncer que le vernissage a été l'occasion de préventes de cinq tableaux, dont *Chemins de l'amour*.

Je n'ai pas attendu longtemps avant d'avoir des nouvelles de Jean-Charles. Il veut me voir rapidement, il a besoin de conseils. Très vite, on se voit. Un profil de conquérant, éternel sourire aux lèvres. Dès son arrivée, il plante le décor.

– Ma chère Monique, si vous le permettez, j'irai droit au but. Ne perdons pas de temps avec des détails sans intérêt. Je suis divorcé et sans enfants, c'est d'ailleurs mon plus grand regret. Pourtant, les occasions n'ont pas manqué, croyez-moi !

Bien sûr de lui, le gentleman ! Mais il a tout pour lui. Raffiné, élégant, cultivé. Il plaît aux femmes, et il le sait. Ce fringant quinquagénaire court la gueuse depuis plusieurs années, avec une préférence marquée pour les plus jeunes. Mais ce n'est pas cela qui l'amène à moi.

– J'ai cinquante-deux ans, ma chère Monique, et j'ai envie d'autre chose. Ailleurs, loin, une nouvelle aventure, un défi pour pimenter ma seconde vie. Je suis dans la maroquinerie haut de gamme depuis vingt-cinq ans. Un héritage précieux, un don de ma famille, une bénédiction. Mais je sens un manque.

– Je vois déjà plusieurs aventures, un paquet de femmes, des jeunes surtout, brunes, blondes, souvent et pas longtemps.

– Oui, Monique, mais quel avenir avec ces jeunes femmes, qu'une génération nous sépare, un différentiel qui vous ébranle plus vite qu'on ne le croit ? Ce n'est qu'une illusion. Je sais que ce n'est pas ma vie, je ne ferai pas d'enfant à mon âge. La raison a pris le dessus. Je ne veux plus de cette vie dérisoire à gâter des conquêtes d'un soir, d'une nuit, d'un instant. Aidez-moi, le bonheur me semble si éloigné de moi. Peut-être m'est-il interdit... Inaccessible.

– Qui est Béatrice pour vous, cette belle femme que j'ai aperçue à vos côtés, au vernissage ?

Il répond, du tac au tac, sans l'ombre d'une ambiguïté :

– C'est une amie. Une amitié de vingt-cinq ans, à l'abri du temps. Un caractère rebelle et indépendant. Mon parfait contraire.

Il omet de me dire au passage ce que je sais déjà, son caractère susceptible et boudeur lui joue souvent de mauvais tours. Surtout avec son amie. Il tient à ajouter :

– Si c'est la question, ma chère Monique, je n'ai absolument aucun sentiment amoureux pour elle ; c'est, je pense, parfaitement réciproque. Rien de cela entre nous, si ce n'est des disputes fréquentes, car nous sommes rarement d'accord.

Quoi qu'il souhaite, sa numérologie le maintient en France. Dans cinq ans environ, il va se rapprocher de Béatrice. Comment lui dire ? Il ne va pas l'accepter. Soudain, un flash, une belle alerte : *je vois Béatrice au bout du tunnel, elle l'attend.* Je ne révèle rien, ce n'est pas le moment.

Immédiatement après, je n'ai pu reprendre mon souffle, une belle vision lumineuse sur le tableau *Ils errent* : Jeanine, une vieille femme qui boite légèrement. Elle le met vivement en garde contre son caractère pointu et sans compromis.

L'amour n'est pas loin, il est même très près de toi, et tu ne le vois pas. Une femme généreuse t'aime malgré vos différences. Peut-être te faudra-t-il encore quelques années pour en prendre conscience.

– Béatrice ? JAMAIS !!!

Jean-Charles reconnaît immédiatement sa grand-mère, celle qui l'a élevé à la mort de sa mère, mais il est fermé au dialogue. Il ne veut pas entendre parler de son amie Béatrice comme d'une potentielle amoureuse.

Contrarié, il ne tarde pas à prendre congé. Ce n'est pas du tout ce qu'il voulait entendre. *Pas de départ vers un ailleurs idéal, pas de nouveau, rien*. Pas d'équilibre à l'horizon, pour cet homme perdu dans les méandres de ses contradictions. L'équilibre n'est pas une question de lieu. C'est un état d'esprit qui, souvent, ne dépend que de nous.

Avant de me faire ses adieux, il me signale, presque à contrecœur, que Béatrice aussi aurait aimé me rencontrer. Elle l'avait chargé de m'en parler. Il dépose, sur un coin de la table, un paquet-cadeau, sans un mot. J'ai bien l'impression qu'il ne souhaite pas d'autre visite. Il est déçu. Laissons-lui le temps...

Il peut arriver que la personne qui vient à moi ne soit pas satisfaite de ce qui lui a été révélé. On espère mieux, on estime avoir droit à mieux, on attend un miracle, un chamboulement total, une deuxième vie, gommer l'ancienne et tout recommencer. La richesse, l'amour, l'harmonie, un conte de fées...

De Jean-Charles, plus aucune nouvelle. Un silence de mort. Pas de retour. Il faudra attendre une paire de mois avant que le destin se manifeste à nouveau. Dans ma boîte aux lettres, une enveloppe carrée, rose pâle. Tiens, tiens, pas ordinaire. Un courrier féminin, c'est sûr, pas la peine d'être médium... Une belle écriture, au dos, l'expéditeur, notre amie Béatrice. Cela m'intrigue, j'ouvre vite l'enveloppe. Quelques lignes où elle prend d'abord de mes nouvelles, elle espère que tout va bien de mon côté, car elle n'a pas eu de réponse à sa demande. Elle aurait aimé me rendre une petite visite. Elle m'a donc écrit cette lettre, car elle a égaré mon numéro de téléphone, et Jean-Charles aussi, comme « par hasard ». Elle indique ses coordonnées téléphoniques. Une missive aux allures de *bouteille jetée à la mer*, m'écrit-elle.

La roue du destin a fait un tour complet. Elle a tourné, tourné, tourné longtemps. Les cloches retentissent de toutes parts, c'est l'heure. L'amour blotti dans un coin de leur cœur a germé. Le temps est venu pour elle et lui.

Je dois voir Béatrice, je suis bien consciente d'être *partie prenante* du grand projet de vie. Tout de même étrange, ce couple rencontré « par hasard » à mon vernissage, sans lien direct avec moi. Ni ami ni parent. Et me voilà cheville ouvrière d'un plan qui me dépasse.

Béatrice arrive quelques semaines plus tard, le soleil dans ses yeux brillants et, comme Jean-Charles avant elle, un tendre sourire aux lèvres. Dans ses bras encombrés, un splendide bouquet de pivoines rose clair, *on dirait bien que c'est sa couleur...*, des douceurs de gourmande, mon péché mignon, et un paquet soigneusement emballé. Un détail me saute aux yeux : le papier cadeau est le même que celui de Jean-Charles, sans doute un petit sac à main pour compléter le portefeuille en cuir noir offert par son ami, il y a presque neuf mois.

Neuf mois... Une gestation... Serait-on proche de la délivrance, je le pressens.

Je propose à Béatrice un thé, j'ai un petit creux, et les gâteaux me font déjà saliver. Béatrice accepte volontiers. Un peu gênée, elle s'enfonce dans le fauteuil du salon, en silence. Elle est intimidée, elle bafouille péniblement des remerciements et n'ose me regarder. Ne rien précipiter, prendre le temps.

La pauvre Béatrice est loin d'être la seule personne à être troublée par un médium. C'est certainement la première fois qu'elle tente l'aventure. Allez, je vais l'aider et briser la glace. Je sais faire, et, en moins de temps qu'il n'en faut pour le dire, je dissipe les inquiétudes de cette belle jeune femme. Elle rit à mes plaisanteries et finit par me tutoyer après quelques instants seulement. Au fil de notre conversation, je m'enquiers de son ami Jean-Charles. Je n'ai pas eu de nouvelles depuis si longtemps. Elle esquive joliment la question par un laconique « Il va bien ».

— Béatrice, il faut y aller ! Qu'est-ce qui vous amène à moi aujourd'hui ?

Une pure question de rhétorique, je sais ce qui la fait venir. L'amour. Elle l'avait déjà évoqué au vernissage, debout, absorbée et pensive face au tableau *Chemins de l'amour*.

— Monique, je suis seule depuis plusieurs années. J'ai vécu, bien vécu, je l'avoue. Un mari aimant, le temps que cela a duré, un enfant, déjà bien grand et parti loin pour son travail. La solitude me pèse. Je rêve d'un compagnon pour poursuivre le chemin à deux. Sans peur.

Hommes, femmes, riches ou pauvres, nous voulons tous la même chose. Ne pas finir seuls après cinquante, soixante, soixante-dix ans. La deuxième et dernière partie du voyage terrifie. Affronter à deux les transformations du corps, la vieillesse, la maladie, la mort des parents, des amis, le départ des enfants...

Béatrice panique, en me voyant pâlir. Mes mains s'enflamment, elles se creusent. Je sens, je vois qu'elle est secrètement amoureuse de Jean-Charles. C'est comme si elle s'était interdit toute autre possibilité. Elle connaît pourtant les goûts de son ami en matière de femmes, et son faible pour les petites jeunes. Jean-Charles et elle ont le même âge, la partie était perdue d'avance.

Aucun homme à l'horizon pour celle qui, de toute façon, ne leur a jamais accordé la moindre chance...

– Allons, Béatrice, vous êtes seule parce que vous le voulez. Vous le cultivez, même. Vous ne voyez pas tous ces hommes qui ont tenté le coup et qui se sont heurtés au mur de votre parfaite indifférence ! Vous n'avez d'yeux que pour Jean-Charles. Je le vois, c'est limpide. Pourquoi vous mentir à vous-même ? Vous le savez, au fond de votre cœur. Mais je sens une peur démesurée. Vos disputes incessantes ne sont qu'un leurre, vous le savez bien.

Elle s'effondre, en larmes. Elle est complètement bouleversée et me supplie de ne rien dire :

– S'il vous plaît, Monique, ne lui dites rien, à Jean-Charles. J'étais sûre que vous alliez le voir. J'avais besoin que quelqu'un s'en rende compte.

– Béatrice, pour débloquer la situation, il faut cesser de le voir. Mais, avant, avouez-lui votre amour et votre peine à chacune de ses nouvelles conquêtes. Il vous empêche, bien malgré lui, de trouver l'âme sœur.

Un silence. Pas longtemps. Le temps de l'acceptation. Béatrice se lève et me prend dans ses bras comme une mère, elle est soulagée et promet de suivre mes conseils. Je profite du moment pour lui glisser :

– Et qui vous dit que lui ne s'est pas rendu compte que, de son côté, il éprouve les mêmes sentiments ? Les conquêtes, la jeunesse ne sont qu'une illusion, il en est parfaitement conscient, croyez-moi !

Les hommes sont hantés par leur libido. Elle les mène à la *baguette*. C'est ainsi. Ils ont le sentiment qu'elle est la source de leur puissance, de leur force. À cinquante ans et plus, il faut donner la preuve concrète que l'âge nous a épargnés. Toujours le même, rien n'a changé, un vrai cœur de jeune homme !

Contrairement à notre quinquagénaire, sa complice Béatrice ne me laisse pas sans nouvelles. Elle envoie régulièrement des SMS, très courts. Elle m'a confié qu'elle avait fini par avouer à Jean-Charles ses sentiments. Elle regrettait presque aujourd'hui. Il a gardé le silence, n'a su que répondre, tellement étonné. Il semblait tomber des nues. Depuis, ils se voyaient de loin en loin, chacun ayant pris ses distances.

Je leur donne trois mois pour sortir de l'impasse, et la décision viendra de Jean-Charles. Le temps est à la patience. Pour l'heure, c'est la confusion des sentiments, la réflexion, avant la pression et la passion !

À l'automne, la visite pressentie de notre ami Jean-Charles. Il m'avait sous-estimée. Il en avait conscience et faisait, à sa façon, amende honorable.

– Ma chère Monique, je vous avais mal jugée, je peux bien le confesser aujourd'hui devant vous ! Grossière erreur ! Le temps vous a donné raison de tout. Je ne voyais pas Béatrice, à la fois si loin et si proche. Une révélation bouleversante, que je ne comprenais pas. Et ma grand-mère, comment ne pas y croire, mais pourquoi refuser d'y croire ? Un dilemme en moi, un renoncement à tout. Mon ego d'homme impétueux et inflexible.

S'ensuit un échange apaisé entre nous deux. L'âme libérée, le visage détendu, Jean-Charles est prêt à déplacer des montagnes et à vivre au grand jour cet amour étouffé. Comment renouer avec Béatrice, après l'humiliation vécue à la révélation de ses sentiments ?

Il part, mi-figue, mi-raisin. Envie furieuse de la récupérer et de la garder. Depuis notre première rencontre au vernissage, ponctuée par une amitié brisée et un amour avoué, il s'est passé presque une année. Chacun, de son côté, m'envoie des textos, mais pas de réconciliation en vue. Ils sont faits l'un pour l'autre, c'est une telle évidence. Il faut agir sans délai, ne pas laisser le silence s'installer, le temps joue contre eux.

Comme souvent, dans ces situations bloquées, on a parfois la chance de voir tomber du ciel un petit coup de pouce inattendu. Je leur envoie à chacun une invitation pour un vernissage champêtre dans mon jardin. Quelques amis, la famille, juste pour le plaisir.

L'après-midi arrive et avec eux mes premiers invités. Je surveille d'un œil l'arrivée de mes tourtereaux. Béatrice est la première. Peut-être que Jean-Charles ne viendra pas... Elle est heureuse de me voir et se précipite déjà devant les nouveaux tableaux qu'elle découvre avec bonheur.

Elle ne fait aucune allusion, pas un mot ou presque.
– Avez-vous invité Jean-Charles, Monique ? Vous savez, je n'ai plus de nouvelles...
– Oui, je lui ai envoyé une invitation, comme à vous.

Ça discute de tous les côtés, on rit, on boit, on fait connaissance. Béatrice s'est placée face au portail d'entrée, comme si elle guettait.

Il est presque temps de se quitter, le vernissage arrive à son terme, quand notre retardataire arrive enfin. Je l'accueille. Il est blême. Il a longtemps hésité à venir. Il me montre son portable et marmonne :

– J'avais photographié *Chemins de l'amour*, lors du vernissage. Ce chemin m'est toujours inaccessible, Monique. Aidez-moi, je vous en prie.

J'attends que tout le monde soit parti et je les retiens. Tout de go, je leur dis, en les regardant dans les yeux :

– Je vous ai bien observés, l'un et l'autre. Deux âmes en peine. Regards fuyants, vous vous épiez, vous espérez, vous n'osez pas.

– Moi, non, Monique, j'ai déjà osé... Tu te souviens, Jean-Charles ?

Ce dernier reste silencieux au souvenir de la déclaration avortée. Il n'était pas prêt.

– Lors de vos voyances réciproques, je vous ai vus heureux, main dans la main, du bout de ma lorgnette ! Vous êtes faits l'un pour l'autre.

Lui, troublé, n'attendait que cela. Il s'approche de Béatrice et la serre dans ses bras, fort, fort, faisant fi du témoin de leur amour. Il laisse tomber le masque et avoue son amour à celle qui n'espérait que ça.

– Le manque de toi, durant ces mois interminables, m'a fait prendre conscience du manque causé par ton absence. Sache que, si je suis venu aujourd'hui chez Monique, c'est uniquement avec l'espoir secret de t'y retrouver. Merci, merci,

Monique. J'ai retrouvé mon amie, mon amour, mon âme sœur, je ne veux plus la perdre !

Aujourd'hui, ils approchent doucement des soixante-dix ans, on se voit de temps à autre. Rien n'a changé entre eux depuis quinze ans que je les connais. L'amour a supplanté l'amitié, ils sont heureux comme jamais.

Novembre 2020

Je pioune devant les informations... Après avoir montré du doigt les petits, les grands, les maigres, les gros, les beaux, les moins beaux, c'est au tour des vieux. Depuis l'intrusion du Covid-19, nous ne parlons plus que des vieux, de nos *seniors*. Mais que fait-on pour eux, en ces temps de pandémie meurtrière ? On les met où, ces vieux ? Au fond du trou... On les enterre à tour de bras. Dans le mutisme et le mépris général. *Après tout, ils ont vécu... Leur vie est derrière eux. Ils peuvent bien partir en premier. Ils n'auront rien à regretter.*

Je me lève, aujourd'hui, d'humeur chagrine. Mal dormi, mal réveillée, et mille questions dans ma tête. Comme tout le monde, sur ce virus, qui a déjà broyé un an de notre vie, et bientôt deux. Nos existences mises entre parenthèses. Deux ans de transhumance, pour aller où ? Quelle route ? Quelle direction ?

Le virus nous cerne, il nous guette, nous qui croyons naïvement pouvoir lui rendre la pareille. Mais où est-il ? Dans les magasins, dans les écoles, dans les hôpitaux, dans l'air : absolument partout.

Chacun craint pour sa vie, celle de ses proches ou de ses amis. C'est le temps de la terreur invisible. Obéissants, nous ajustons chaque matin nos masques bleus, noirs, imprimés ou unis, FFP2, artisanaux ou chirurgicaux... Nous sommes à l'écoute des médias, suspendus aux lèvres des médecins, des scientifiques, des épidémiologistes, des infectiologues, des chercheurs, des politiques... Les publicités ressassent ces gestes barrières, censés nous protéger, mais, au vu des chiffres, cela semble bien insuffisant.

Nous écoutons, nous faisons tout ce qu'ils disent, sans broncher, en bons moutons de Panurge.

Plus de manifestations, plus de blocages. La peur règne en maître absolu... Mais savez-vous qui a le plus peur ? Qui a le plus à perdre ? Vous, moi. Les vieux.

Ces pensées ne me quittent pas. J'appartiens maintenant à cette espèce en voie de disparition programmée... Au début de la pandémie, ils ont fait allusion à des choix qui allaient s'imposer. Pas assez de lits dans les hôpitaux, alors il faudra choisir qui mérite de vivre et qui doit mourir ? De quel droit, me direz-vous ? Du droit du plus jeune, du droit du moins vieux ? On nie aux sacrifiés toute vie, une existence pleine et entière, une famille, des enfants, des petits-enfants, des femmes, des amants, des amis... Leur conscience intacte est foudroyée lorsque le destin les met en ballottage : *va-t-on me laisser vivre ou me livrer à la mort ?* Une horreur et une infinie tristesse, au XXIe siècle.

Les *vieux* ! Quel vilain mot ! Pour moi, cela a toujours été les papis ou les mamies, les grands-mères, les grands-pères.

Un respect naturel. Une marque d'affection. Une écoute proche de la ferveur. Ils ont vécu avant moi. Comment ne pas apprendre de ces vies, des puits de connaissances, des sommes d'expériences ?

Ma vie, mon don ont fait que j'ai rencontré bien des personnes, des enfants, des moins jeunes, des âgés, des très âgés. Je pense souvent à tous ceux que j'ai croisés, regardés, touchés, massés, questionnés, aidés de mon mieux. Que d'anecdotes qui me reviennent à l'esprit avec des papis de soixante, soixante-dix et même quatre-vingts ans ! Quel appétit de vivre ! Sans le savoir, ils m'ont nourrie. Pas de différence entre eux et moi. Depuis quand et pourquoi l'âge est-il devenu une discrimination négative ?

Je ne me suis jamais sentie jeune. J'ai toujours eu la sensation d'être sans âge. C'est ce que je ressens au plus profond de moi. Que veut dire l'âge ? Et si nous décidions d'abolir le calendrier… Comment connaître son âge réel ? Vingt et un ou vingt-trois ans ? Vingt-cinq ans ? Trente ans ? Quarante ans ?…

Aujourd'hui, j'éprouve une urgence à témoigner de mes rencontres avec ces aînés, de vous confier quelques histoires de vie, à vous qui avez vingt ans, trente ans, quarante ans, car, si Dieu vous prête vie, et je vous le souhaite de tout cœur, un jour à votre tour, vous serez vieux, confronté à des problèmes de vieux, des chagrins de vieux, des amours de vieux.

À vingt ans, comme vous, je n'avais pas de garde-fou, amours caresses, les doigts brillants, les doigts brûlants, je ne savais pas où menait le chemin, vers l'inconnu peut-être… Peu importait…

À trente ans, chaque *beau* est une histoire, une histoire qui ne mène à rien, belle et éphémère illusion.

À quarante, je rencontre des mâles en fête, qui ne pensent qu'à eux, ce sont des chiens fous, on a envie de croire à leurs mots doux, à leurs caresses, nouvelles illusions... Et le temps passe.

Les cinquante ans arrivent vite, et, avec eux, un flot de questions. La vieillesse pointe à l'horizon. Elle fait grimacer. Résonne souvent en moi cette phrase du général de Gaulle : « La vieillesse est un naufrage. » D'une certaine manière, oui, c'est un naufrage, un cortège de douleurs, et une solitude fréquente.

À cinquante ans, on fait la tournée des grands-ducs : gynéco, rhumato, gastro, pneumo, cancéro aussi !

– Mais, Madame, vous avez cinquante ans !

À soixante ans, c'est la retraite, Madame, vous n'avez plus vingt ans !

À la retraite, l'amour devient tendresse. On se cramponne l'un à l'autre.

À soixante-dix, je ne peux rien garantir, il faut espérer... Vous vieillissez, la machine se déglingue, vos douleurs sont normales, Madame. Des acouphènes ? Rien d'étonnant à votre âge, la surdité est au bout du chemin. On ne peut rien y faire.

Mais c'est quoi au juste, cinquante ans, pour une femme ? Un grand chamboulement, les choses se télescopent dans la tête ! Plus d'enfants. Parfois, plus de vie sexuelle, plus de plaisir, une fleur séchée ! Ça sonne comme le glas.

Une fin. Une mort. La ménopause. Et, parfois, celles qui avouent avec une certaine gêne :

– Cinquante ans, je suis ménopausée ! Mais quelle galère ! Plus bonne à rien, et patati et patata...

Mais cela ne change rien, Mesdames. On existe toujours. Les femmes craignent l'arrivée de la ménopause, de l'âge, de la « vieillerie ». *Si seulement ce retour d'âge pouvait arriver le plus tard possible*, espèrent-elles au fond d'elles-mêmes. Il faut arrêter de se mentir, en claironnant à tue-tête : « J'assume ! » Et ensuite venir me voir en catimini pour être rassurée :

– Monique, à mon âge, que pensez-vous que... ? À mon âge, croyez-vous que je puisse encore... ? À mon âge, est-il encore raisonnable de... ?

Que de faux-semblants ! Personne n'aime la vieillesse, mais elle n'épargne personne. Chacun son tour. Les effets retard sont illusoires, aucun cache-misère suffisamment efficace pour masquer à jamais l'impact du temps. Bichonnez l'extérieur, la machine infernale lamine l'intérieur, sans aucun état d'âme.

La vie est une vague perpétuelle : on avance, on recule, on recule, on avance, on recule, et encore et encore. Un jour, on arrive sur la plage, on s'arrête et on s'étend. Sauf que nous ne sommes pas tous égaux face à la maladie, rien à voir avec l'âge. Partis à quatorze ans, à vingt ans, à cinq ans...

À quatre-vingts ans, plus bonne à rien ! Foutue ou presque, un pied dans la tombe... Ne forcez plus, ne courez plus, évitez ci, mangez ça, et patin-couffin, comme disait Monsieur Bar...

Que peut-on espérer, si on lance le compte à rebours à cinquante ans ? À chaque âge, la vie est belle, pourvu qu'on ait la santé ! La vieillesse devrait pouvoir se préparer, mais elle est pressée. On n'a pas le temps de se retourner que, hop, elle nous a pris dans ses filets.

Lorsque j'ai rencontré Rose pour la première fois, elle venait d'avoir quatre-vingt-cinq ans et elle était toujours très alerte. Une jolie petite Rose. Une femme mince et élégante, avec des yeux malicieux bleu clair. La conscience vive et une énergie débordante. Elle me rendait visite de temps à autre. À l'époque, je m'épanouissais dans ma petite quarantaine.

Je me suis prise d'amitié pour la belle Rose. Je l'ai aimée tout de suite, comme une tante, une grand-mère. Qui sait ? Elle m'a donné des leçons de vie, écoutées avec une vraie passion. Elle avait voyagé dans de nombreux pays : la Chine, les États-Unis, la Russie... Elle avait eu trois maris et une seule fille à son actif, qui prenait toujours le temps de rendre visite à sa mère, presque tous les jours. Notre charmante Rose voulait un homme, elle qui était seule depuis si longtemps. Elle n'en démordait pas. Elle me le glissait parfois, à l'occasion, avec une pudeur et une timidité qui déclenchaient sur sa peau laiteuse un sublime érythème pudique, du décolleté jusqu'au menton.

Un jour, ma Rose débarque chez moi sans crier gare, habillée en dimanche, façon Chanel. Revenait-elle de la messe ?...

– Monique, je n'ose vous demander, à mon âge, vous allez sûrement trouver cela ridicule... Mais, dites-moi, croyez-vous que, Là-haut, ils pourraient m'envoyer un homme ?

– Et pourquoi pas ? Tout peut arriver, Rose. La vie est un risque. Osez et croyez, croyez en nos saints et en vos anges gardiens. Lequel de vos trois maris va vous en envoyer un quatrième ?

– Oh, Monique, vous plaisantez !

– Mais, non, je ne plaisante pas, Rose ! Allez, prions tous nos saints, pour qu'ils vous envoient quelqu'un !

Ce jour-là, elle est repartie joyeuse, le cœur léger. Ses défunts maris avaient été emportés trop tôt. L'un, d'une mauvaise grippe. Le premier, le plus cher à son cœur, je pense. Le deuxième n'avait pas eu de chance. Au mauvais endroit, au mauvais moment. Rendez-vous brutal avec un camion. Le chauffeur ivre ne l'avait pas vu lorsqu'il avait traversé la chaussée. Il rentrait chez lui, un détour par le fleuriste. On l'a retrouvé sans vie, un bouquet de roses éclaté sur la chaussée. Le troisième, Henri, a succombé à une crise cardiaque, après seulement deux années de mariage. Rose l'avait découvert au petit matin, mort à ses côtés.

Elle avait encore droit au bonheur. Deux mois s'écoulèrent, Rose n'avait pas trouvé, aucun homme ne s'était présenté à elle. Et savez-vous ce que j'ai fait ? J'ai écrit à un certain journal, pas de réseaux sociaux à l'époque. Je savais que l'heureux élu arriverait par là. J'ai écrit pour elle, avec elle : « Petite femme, pétillante..., cherche... »

Elle se mit à attendre les réponses avec une impatience quasi frénétique. Une adolescente en ébullition...

Elle arrive, un jour, excitée comme une puce, dans sa Coccinelle rouge. En pleine effervescence, elle me tend une lettre de ses petites mains tremblantes, et jette sur la table des tas de photos. Ma petite Rose avait fait une touche avec un fringant colonel en retraite, qui avait visiblement trois ou quatre ans de moins qu'elle. Elle frissonnait de bonheur mais redoutait la première rencontre.

– Croyez-vous, Monique, que je puisse encore vivre avec un homme ? Croyez-vous que, à mon âge..., il me demandera des choses au lit ?...

– Rencontrez d'abord cet homme, et après nous verrons.

Je la rassure tant et si bien qu'elle finit par accepter de rencontrer son Jojo. Un coup de foudre immédiat entre ces deux-là. Deux mois plus tard, ne voulant perdre une minute de ce temps si précieux, ils ont trouvé rapidement la maison de leurs rêves, en pleine nature, entourée de sapins bleus et de longs peupliers.

J'étais heureuse pour Rose, mais j'allais la perdre de vue, et cela m'attristait. Des appels réguliers pour maintenir le lien qui me faisaient toujours plaisir. Elle se confiait sur sa vie avec son amoureux, son bonheur et son intimité. Elle finissait toujours par :

– Mon Dieu, quel bonheur d'avoir mon Jojo ! Que je l'aime !

Un jour, le couple m'a fait la surprise de venir me rendre visite. Ils sont arrivés souriants, aimants, main dans la main. Ils étaient rayonnants. Plus d'âge entre eux, ils étaient transcendés par la force de l'amour. Ces deux-là s'étaient bien trouvés, le bonheur et le sourire avaient gommé les quelques rides. Rose était divine, elle avait sorti le grand jeu. Des talons un peu trop hauts dévoilaient ses petites jambes malingres et soulignaient le plissé de ses bas. La pauvre avait dû passer par l'escalier de derrière, le seul à avoir une rampe pour se tenir ! Et notre Jojo la serrait de près pour ne pas qu'elle trébuche. Quel bonheur de les voir ainsi ! Le colonel n'était pas en reste, il avait endossé sa tenue d'apparat. J'ai eu envie de prendre une photo pour immortaliser cet instant magique et magnétique... Un véritable conte de fées.

Rose me fait un petit signe de la tête, elle veut me parler. À moi, personnellement. Je suis étonnée. Elle est si heureuse. Que veut-elle me confier ? Rien de grave, j'en suis sûre, je l'aurais senti. Jojo sort un instant, à sa demande.

– Regardez, Monique, il me fait mettre des bas ! me dit-elle en relevant sa petite jupe beige plissée.

– Mais c'est génial, Rose ! Et ce porte-jarretelles, tellement féminin !

– Je ne voudrais pas être tombée sur un vieux cochon !

– Mais non, vous en avez bien porté à vingt ans, qu'est-ce qui a changé ? Rien.

Je la revois, son sourire, ses larmes à travers ses lunettes à grosse monture marron. Une émotion forte.

– Si vous saviez comme je l'aime, me glissa à l'oreille Jojo lorsque Rose et moi revînmes au salon.

Ils sont repartis comme ils sont arrivés, main dans la main. Deux êtres heureux et amoureux.

Rose nous a quittés il y a peu, à quatre-vingt-dix-huit ans. Elle a vécu un amour inespéré aux côtés de Jojo pendant presque quinze ans. Elle est partie, sereine, dans les bras de son homme, qui n'a pas tardé à la rejoindre. Accablé et à nouveau seul, le colonel est mort de chagrin. La vie de l'un sans l'autre n'était pas possible.

Ainsi, comme le disait ma mère, *le meilleur moyen de rester en vie n'est-il pas de vieillir...*

Pourquoi traiter les gens de « vieux » ? Comme si nous étions des ovnis, des choses. Je n'oublierai jamais l'histoire de Jojo et Rose, qui nous enseigne que l'amour n'a pas de limite d'âge, ni de temps. On peut aimer jusqu'à la mort. On peut avoir de la tendresse sans condition d'âge. Cela fait du bien. Prendre de l'âge ne modifie pas la personne. Certes, le corps se flétrit, les rides apparaissent, la douleur se lève et se couche avec nous, en maîtresse insatiable, elle nous poursuit aussi la nuit. La vieillesse physique s'installe et prend ses aises. Mais, dans nos têtes, tout est intact. Besoin d'aimer, envie d'aimer, besoin de tendresse, de partage à deux, il n'y a pas d'âge pour cela.

Tout au long de ma vie, je n'ai jamais pensé à mon âge, mes parents n'ont jamais fêté un seul de nos anniversaires.

C'est ainsi que j'ai été élevée. On ne se disait rien. Les années passaient sans qu'on ait besoin de les fêter. J'étais du genre maigre, et on sous-évaluait souvent mon âge. À vingt ans, j'en faisais quinze, à mon grand désespoir. Peu importe que je les fasse ou pas, je les avais.

Nous sommes dimanche soir, de nouveau seule sur mon canapé. Le week-end est passé, deux jours d'un froid glacial. Pas de chance : – 5 °C et chaudière en panne ! Elle a bien choisi son moment.

Ouille, ouille, ouille, je suis gelée, un peu surgelée... dans ma vieille maison !

Je jette un œil sur les infos. Des chiffres. Encore. Données effrayantes. Le nombre de morts augmente à une vitesse vertigineuse. Ça recommence, histoires de réanimations saturées, de vaccins, de contre-vaccins, de mutants, de variants, de surinfections... On ne nous épargne rien. Même la vérité n'est pas accessible. Que faire ? Qui croire ? Que penser ? Les gens sont perdus, on y croit un jour ; le lendemain, c'est le chaos, nos espoirs sont réduits à néant. Personne ne sait. Un flot de nouvelles, systématiquement contradictoires, fait régner le doute et la suspicion. Presque un an d'informations, de statistiques, d'estimations, d'hypothèses, de conseils de défense, de conférences de presse, de plans A, B et C..., ils vont finir par nous persuader, malgré nous.

Le spectacle d'une information bridée par l'audimat a renforcé le scepticisme général, même les gestes barrières sont remis en question. Les gens sont perdus, au point de basculer dans la défiance, l'opposition et la transgression.

Une seule vérité à ce jour : l'existence de ce virus et les morts qui s'amoncellent. Pourquoi chercher à nous berner, à jouer les savants avec nos vies si fragiles ? Depuis l'arrivée de cette pandémie, je reçois beaucoup d'appels :

– Monique, vous, vous détenez peut-être la vérité… Que va-t-il nous arriver ?

Eh bien, non, je ne détiens pas la vérité. J'essaie de me glisser Là-haut, et à ce jour une seule indication : *la Terre devra vivre avec ce virus jusqu'à la fin de l'année 2022, et pleurer encore des milliers de morts.* Mais il y en a déjà beaucoup trop, et ce sont nos aînés qui détiennent le tragique record. Pour ajouter à la psychose collective ou occulter la mort massive et indécente de nos anciens, ils évoquent incidemment les décès prématurés de jeunes enfants. Personne n'est dupe. Le Covid a réduit à néant l'espérance de vie des personnes âgées ; chaque jour, il est question d'Ehpad, de vieux, de retraités, de visites interdites, d'isolement renforcé, de morts de tristesse et morts de chagrin…

Nous autres, personnes âgées, sommes devenues une espèce à part, des survivants, ou plutôt des morts en sursis, si ce virus mortel nous pique avant…

Décembre 2020

Un Noël sous Covid. Un Noël sans préparatifs et, pour moi, sans cohue dans les grands magasins. Un Noël masqué, surveillé, saboté...

Depuis novembre, j'ai NOËL en boucle dans ma tête. On a appris récemment que les déplacements seraient à nouveau autorisés mais cadrés, avec un couvre-feu à partir de 20 heures. Un soulagement. Je me faisais une joie d'avoir les enfants, cette année, un partage équitable entre familles des uns et belles-familles pour les autres.

La fête pourra donc se tenir chez ma fille. Sa maison est suffisamment spacieuse pour que les règles de distanciation puissent être respectées par tous. Le cœur n'y est pas complètement. Malgré mon bonheur de revoir mes enfants et petits-enfants, l'inquiétude est présente, la peur de la contagion. Un Noël réduit à deux petits jours.

Heureuse de retrouver cette famille que je n'ai pas vue depuis mars dernier. Depuis la fermeture des frontières... On tente d'oublier le Covid, au-dessus de nos têtes, un gui ô combien factice...

Je tiens enfin dans mes bras mon dernier arrière-petit-enfant, à peine sorti de l'œuf, il a tout juste huit jours. Nous ne sommes plus dans le virtuel, je peux le toucher, le blottir contre mon cœur.

On échange, on plaisante, on festoie. Tellement heureux d'être ensemble, tout simplement. Le bonheur retrouvé, en apparence. Mais personne n'est dupe, une ombre guette, tapie dans un coin. Mes enfants s'efforcent de garder leurs distances. Ils ont peur pour moi, surtout après mon embolie en avril...

Le lendemain matin, les tout-petits ne tiennent plus en place, ils sont au taquet. Ça trépigne, ça chahute, ça s'excite. C'est vraiment Noël. Les grands comme les petits attendent, depuis la veille, de pouvoir ouvrir leurs cadeaux, alignés au pied du sapin. Des cris et des larmes de joie, on court dans tous les sens, on déchire sans ménagement les beaux emballages, et on brandit ses trophées à la vue de tous.

Après le repas, trop copieux, trop arrosé, une balade dans le parc avant les premiers départs. Deux petits jours qui ont réchauffé mon cœur de mère.

L'année prochaine, les belles-familles prendront le relais, je ne les verrai pas. Pas de Noël ensemble avant 2022. Mon dernier Noël avec eux, qui sait ? On y pense inévitablement, avec l'âge et surtout la pandémie...

Un Noël inoubliable, un Noël de retrouvailles, un Noël aux petits soins. Un Noël d'amour familial à son comble. Un Noël émouvant, un Noël qui a pris la pleine mesure de la brièveté de la vie et de la valeur du temps.

Janvier 2021

Seule dans ma vieille maison, transie de froid, du fond de la cave au sommet de la cheminée. Un matin chagrin à la vue de ces petites pilules à avaler pour préserver ma santé, me garder en vie, prolonger mon espérance...

Lutter contre le temps est une bataille perdue d'avance, il faut accepter. Pas de pilule du bonheur, aucun secret de vie éternelle. Rien qui n'empêche le destin de s'accomplir, et la mort de venir un jour.

Nos rides n'indiquent que l'âge du corps, mais l'âme, notre âme, elle, est à l'abri du temps, en parfaite santé, des rêves et des amours nichés dans un coin de notre tête qui ne demandent qu'à germer... Ma vie est pleine de ces hommes et de ces femmes, comme Rose et son Jojo, animés par leur appétit de vivre, d'aimer et d'être aimé. Pourquoi l'âge fausserait-il l'équation ?

Parmi tous ces éternels amoureux de la vie, deux ombres qui demeureront à jamais dans ma mémoire. Deux hommes, si différents et si semblables à la fois : Claude Bar et

Armand Foster. Le premier était un survivant, un survivant qui s'ignorait. Un véritable poème, mon papi « conserves » ! Toujours fourré dans sa cuisine à faire des confitures ou à stériliser d'immenses bocaux pour les haricots verts et les petits pois de son jardin. En échange de quelques séances de magnétisme, il me « récompensait » : un bocal de haricots et deux pots de confiture. Il notait chacun de ses cadeaux. Aussi riche que pingre ! Son âge, je l'ai toujours ignoré. Vieux comme le monde, je dirais. Toujours arc-bouté.

– Deux hanches et deux genoux en plastique. J'ai mal à peu près partout. Mais je marche, je nage, je fais du bateau sur la petite rivière à poissons à côté de chez moi...

Et quel bateau ! J'ai appris, il y a trois ou quatre ans, qu'il s'agissait d'une petite barque, à la limite du canot. Toujours à s'arranger avec la vérité, ce Claude. Parfois, j'avais droit à des poissons-chats. Par respect, je n'ai jamais osé lui dire qu'ils finissaient toujours dans l'estomac de mes petits chats qui, eux, en raffolaient. J'avais beaucoup de tendresse pour cet homme pas très grand, légèrement enrobé, qui, comme Rose, avait été veuf trop tôt, à deux reprises. C'était un homme étrange, un amateur de femmes, doublé d'un coquin de légende. Chapeau de paille sur la tête l'été, pantalon en velours marron, bleu ou noir l'hiver. Propre sur lui, malgré ses vilaines vestes en tweed et ses pull-overs tricotés main. Il venait toujours avec son vieux panier d'osier chargé de *récompenses.* Je le voulais ce panier d'osier, mais il n'a jamais voulu me le céder. À ses meilleurs jours, il m'apportait même du jus de pomme, des fruits de son jardin.

– Je vous gâte bien, Madame Monique ! Et je note tout ce que je vous donne.

Il se plaisait à raconter ses aventures passées qui prenaient souvent des allures d'exploits. J'ai quelquefois fermé les yeux. Sa vie, un fiasco de fiancées, de maîtresses toutes plus belles les unes que les autres… L'histoire s'imaginait souvent au fur et à mesure de nos échanges, il cherchait ses mots. Je sentais bien qu'il inventait presque tout. Et, d'un seul coup, lorsqu'il perdait pied, toujours la même conclusion :

– Vous comprenez, Madame Monique, et patin et couffin, et couffin et patin…

Il ne vivait que pour ces odyssées amoureuses, reconstruites de toutes pièces avec délice. Il oubliait parfois le motif de sa venue. Bien sûr, il avait mal partout, tout cabossé. Moi, je l'écoutais avec l'indulgence de celle qui sait. Il tentait maladroitement de me cacher une douleur ancienne. En vain, je savais, j'avais vu et tout entendu.

Il souffrait. Un corps meurtri de la tête aux pieds. Je prenais ses grosses mains calleuses, usées par le labeur et les accidents, et si friandes d'un magnétisme qui pansait les plaies de l'âme beaucoup plus que celles du corps.

J'ai aimé ce partage, un troc amical, du magnétisme contre quelques conserves ! Il adorait que je lui prenne les mains, que je lui parle, que je le console de sa solitude ; de temps en temps, je faisais une petite visite *mentale* de sa maison, pour le distraire :

– Claude, pourquoi avez-vous changé de place le fauteuil gris ?

Il était soufflé et bredouillait :

– Mais, mais enfin... Comment faites-vous, Madame Monique ? C'est magique. Vous n'êtes jamais venue chez moi, et vous voyez tout, comme si vous y habitiez !!!

Et, un jour, j'entends un prénom chuchoté dans le creux de mon oreille :

– Yvonne..., Yvonne est là, Claude. Qui est cette femme ? Cela vous parle ?

Subitement, plus le même ; notre gentil papi plaisantin change de visage. Deux grosses larmes coulent sur ses joues rubicondes...

– Monique... Yvonne était ma première femme. Je l'ai connue à vingt-trois ans. Dieu, comme elle était belle et aimante ! Vous ne pouvez pas savoir combien je l'ai aimée, ma petite Yvonne...

Je ne l'ai pas interrompu mais, cher Claude, je le savais déjà, depuis le premier jour. Des visions fréquentes de ce jeune couple amoureux qu'il formait avec Yvonne.

– Je ne sais pas pourquoi, aujourd'hui, vous me donnez le prénom de la femme que j'ai le plus aimée, celle que j'ai toujours regrettée, celle à qui j'ai survécu avec difficulté. Un amour unique. Elle a marqué ma jeunesse, elle m'a manqué toute ma vie, et aujourd'hui son souvenir meuble ma vieillesse.

Ce jour-là, Là-haut, *Ils* ne m'ont donné que ce simple prénom, pas le moindre mot, aucune explication. Rien. Juste *Yvonne*. Pourquoi est-elle venue interrompre notre séance de magnétisme, la *Yvonne* ?... Claude est parti beaucoup plus tard, cette fois-là. Le visage inondé de larmes, il m'a raconté sa vie avec Yvonne, l'amour de sa vie, avec vérité et sincérité. Un trouble singulier qui m'a touchée et arraché des larmes, tant Claude était émouvant. Jamais je ne l'avais vu ainsi. Mais une autre chose me perturbait : pourquoi avais-je eu ce prénom ? C'est rare lorsque je fais du magnétisme... Il n'avait plus envie de rentrer, le Claude. Il revenait immanquablement sur sa solitude, cette tristesse qui lui avait collé à la peau à la mort d'Yvonne.

Et, pour la première fois, il m'a confié :

– Monique, je n'ai que vous dans la vie. Mes deux enfants sont fâchés avec moi, pour eux, je suis un embarras, à mon âge. Plus d'amis, plus de nouvelles, pas de nièces, pas de neveux... Je n'ai personne... Vous savez, ce soir, si Yvonne me demandait de la rejoindre, j'irais sans hésitation. Je vais sur mes quatre-vingt-sept ans !!! Personne ne m'attend à la maison, peut-être qu'elle, elle m'attend Là-haut... Vous ne croyez pas ?

Et, soudain, comme une musique à mes oreilles, un échange d'âme à âme :

Dans les vapeurs de santal,
J'aimerais caresser l'opulence de ta chevelure,
J'aimerais poser ma main sur la beauté de ton visage,
J'aimerais toucher ton nez qui aime respirer mon odeur,
J'aimerais que tu ne te dérobes pas à mes yeux.
Mais tu fuis comme un feu de Bengale.

Depuis quatre ans, il n'avait eu de cesse de se montrer sous un angle blagueur. Il avait maquillé sa vie. Je savais maintenant pourquoi Yvonne était venue. C'était le moment. Elle avait donné le signal.

Ce soir-là, en partant, il a souhaité m'embrasser. La première fois en plus de dix ans. Je n'accepte pas d'habitude, mais, là, *bien sûr, Claude, vous pouvez !*

Je l'ai regardé s'éloigner, monter dans sa camionnette, avec difficulté. Il n'a pas démarré tout de suite, il est resté la tête sur le volant un long moment. Je l'ai rejoint sur le parking, et, en me regardant dans les yeux, il a balbutié :

– Madame Monique... J'ai l'impression que je ne vous reverrai plus, je ne sais pas pourquoi...

Il pleurait, sans pouvoir s'arrêter. J'étais un peu décontenancée. Je ne savais plus quoi dire ni quoi faire, mille pensées me sont passées par la tête : je ne voulais pas y croire, je l'aimais bien, mon petit Claude. Il venait régulièrement. Tous les deux ou trois mois, à chaque départ, plus aucune nouvelle de lui. Je ne m'inquiétais jamais. Mais, ce soir-là, des frissons dans le corps entier.

Quatre mois plus tard, un coup de fil. Ce n'était pas son numéro mais celui de l'hôpital. Une infirmière me passe quelqu'un, une voix inconnue, je ne la reconnais pas, mais je sais que c'est Claude. Il venait d'être opéré du cœur. Il n'allait pas bien. Il avait souhaité que je sois sa personne de confiance. Pouvait-il communiquer mon numéro à l'hôpital ? Oui, évidemment, sans l'ombre d'une hésitation.

Nous avons parlé à peine cinq minutes, il était si fatigué. Trois jours plus tard, l'hôpital a rappelé : Claude était parti dans la nuit, sans souffrir... Yvonne l'a rappelé à elle, il va pouvoir la retrouver Là-haut, c'est elle qui va l'accueillir.

Adieu, mon Claude, suis ton chemin.

J'ai été heureuse de l'avoir accompagné ces dernières années, d'avoir partagé avec lui un peu de bonheur, pas souvent, pas longtemps mais suffisamment. J'ai conservé ses grands bocaux en verre, quelques haricots verts au fond de la cave.

– Coucou, mon Claude, aujourd'hui je parle de toi...

Mon second amoureux des femmes, c'est Armand Foster. À quatre-vingt-onze ans, Armand était presque entièrement paralysé, à peine parvenait-il à faire quelques pas avec son déambulateur. Sa femme m'avait contactée pour savoir si je pouvais me déplacer et venir chez eux pour soulager son époux. *Pourquoi pas ?* Il était impotent depuis un an, il souffrait d'une déprime permanente qui l'avait rendu irascible. En colère souvent, pour rien, pour tout. *Je dois y aller.*

Ils habitent une petite ville, fort sympathique, une ancienne cité médiévale, de larges allées, de belles maisons anciennes. Je ne trouve pas la leur. Mais où est-elle donc, la maison des Foster ? Sa femme a dû se tromper de numéro, ou alors c'est moi qui ai mal noté... Pas de téléphone. Sur le trottoir, j'avise un homme charmant qui arrive face à moi. Il est bien matinal, cet élégant septuagénaire. Un costume prince-de-galles, probablement sur mesure, un caducée sur le revers de la veste. Il tient à la main gauche la laisse de son chien, et à droite une canne en bois verni rutilante. Quelle chance, il connaît très bien Monsieur Foster avec qui il joue parfois au bridge. Je ne me suis pas trompée en le choisissant au hasard...

— Bien sûr, ici, tout le monde connaît Monsieur Foster... Il est tellement gentil, si avenant. Dès qu'on a besoin d'un papier, il est là ; besoin de renseignements, toujours là. Cela fait plusieurs mois qu'il est malade. Il ne bouge plus, on raconte qu'il est cloué au lit du matin au soir. Et pourtant, du temps de sa gloire, il en a fait chavirer, des cœurs. Un vrai don Juan...

Il était parti pour tout me déballer, mais je n'avais pas le temps. Je tournais le dos à la bonne direction. Allez, grâce à lui, je suis à nouveau sur les rails. J'arrive enfin. La demeure des Foster est splendide, une vieille maison exactement comme je les aime, une sorte de manoir de ville. Petit coup de sonnette, et voilà Madame Foster qui se dépêche d'ouvrir ; enfin j'ai supposé que c'était sa femme, et cela s'est confirmé... Elle est petite et rondouillette, habillée tout en noir. Elle porte des petits vernis aux pieds, elle venait probablement de se chausser pour me recevoir...

— Bonjour, chère Madame. Suivez-moi, je vous prie.

Je m'exécute, un couloir, puis deux, un vrai labyrinthe. Elle en profite pour me faire un rapide topo. Nous arrivons enfin dans sa chambre, la chambre de Monsieur, qui n'est pas celle de Madame… Elle me glisse à l'oreille :

– Pardon, Madame, de vous accompagner jusque dans la chambre, est-ce que je peux rester ?

– Sans aucun problème, Madame Foster. Il suffit de ne pas me parler et de ne faire aucune réflexion.

– Alors je serai présente à chaque séance de magnétisme. Comme on connaît ses saints, on les honore…

Mais dans quoi t'es-tu encore engagée, ma Monique ?!

Je découvre Armand Foster allongé dans son lit, seuls le buste et la tête sont visibles. Il est d'un abord très aimable, a priori heureux de me voir, sans me connaître, il espère que le magnétisme lui redonne la force et la joie de vivre perdues à la suite d'un *maudit* accident…

– Quand vous pensez à tout ce que j'ai fait, à qui j'étais, actif, passionné, et aujourd'hui réduit à rester au lit… Mais quelle chance de voir une jolie femme comme vous !

Madame Foster, piquée droite comme un I, ne me quittait pas du regard. Oh, oh, oh ! Comme il y va, le Armand, et devant sa femme, Francine. Elle avait déjà levé les yeux au ciel et froncé les sourcils. *Comme on connaît ses saints, on les honore.* Je venais de comprendre. La séance de magnétisme a duré vingt minutes ; il semble ravi, il me regarde avec des yeux d'enfant, tout autant qu'il me dévore du regard ! Il me reluque en silence sans dire un mot. Je pars rapidement, sans m'attarder.

À la troisième séance, Francine n'est pas là, c'est la bonne qui vient m'ouvrir :

– Je dois vous accompagner jusqu'à Monsieur Foster et rester. Cela ne me dérange pas...

Mais c'était sans compter le désir de Monsieur Foster, notre Armand !!!... Dès qu'il m'aperçoit, il m'adresse un grand sourire, il déchante en voyant que je suis sous *bonne* escorte...

– Ah, ça non ! Laissez-nous donc tranquilles s'il vous plaît, pour une fois que je suis seul avec la dame...

Odile s'exécute sans oser rétorquer !... De toute la séance, je n'ai presque pas parlé. Pas de questions aujourd'hui. J'ai senti que ce n'était pas indiqué.

– Vos visites sont des lumières dans ma tête, j'ai plein d'idées, je reprends le goût de vivre...

On dirait bien qu'il est content de ses séances. En le magnétisant, je regarde la chambre. Elle est si sombre, un papier peint à rayures bleues, passé de mode depuis un bail, et des fleurs partout, une armoire d'époque avec un miroir magistral qui me reflète en train de magnétiser Monsieur Foster. Deux vieux fauteuils en velours tout poussiéreux, des rideaux fatigués que l'on avait souhaités assortis à la tapisserie. Et, pour couronner le tout, des fleurs artificielles sur la cheminée. La déprime garantie sur facture ! Seul le parquet tire son épingle du jeu, il est beau et bien ciré.

Que dire des descentes de lit, avec des pompons à chaque bout, dans lesquels je me prends les talons à tous les coups.

Un petit quart d'heure que je le magnétise, je ne pense à rien et, d'un seul coup, Armand brise le silence :

– Faut que je vous confie un petit secret...

– S'il vous plaît, Monsieur Foster, ne me parlez pas lorsque je magnétise !

– Qu'à cela ne tienne !

Il me saisit les mains, il les serre avec force et me susurre à l'oreille :

– Oui, votre magnétisme me fait du bien, j'en suis sûr, mais votre présence, votre douceur... Monique, je vous en supplie, je ne suis plus heureux avec Francine, elle n'est plus vraiment drôle, celle-là.

Je la revois déambuler dans les couloirs, comme montée sur roulement à billes : elle ne marche pas, la Francine, elle roule, c'est très bizarre. Ils avaient été heureux, mais ils l'avaient oublié.

– Je vous propose un deal, Monique. S'il vous plaît, allez au bout de mon lit, soulevez vite votre pull ! S'il vous plaît ! Je rêve de voir vos petits roberts !!! En échange, je vous offre ces deux lingots d'or...

De quoi me parle-t-il ? Mes petits roberts ? Je comprends vite qu'il s'agit de mes seins. Il me paraît si pitoyable avec ses deux lingots cachés sous son oreiller, deux lingots d'or, un pour chaque sein !!! Je ne l'oublierai jamais de toute ma vie. J'en ai tremblé de surprise. Lui était blême de désir. Je n'avais jamais eu une telle proposition.

– Pardon, Monique, il y a tellement longtemps que je n'ai pas vu de...

Il bredouille, comme moi il a entendu la porte d'entrée claquer. Saisie au vif, je prends mon sac à main et je pars, sans dire un mot. Mais, la semaine suivante, j'ai demandé à Madame Foster d'être présente à toutes les visites... Monsieur n'en prit pas ombrage, il était ravi de me voir arriver, *son soleil...*

Un jour, une vision au moment où la bonne m'ouvre la porte. Elle aussi avait été son soleil...

Un an plus tard, Armand nous quittait. Sa veuve me remercia encore longtemps de mes séances qui avaient soulagé la fin de vie de son mari. Le magnétisme avait eu, comme souvent, une action double, sur l'âme et sur le corps. Une présence, un partage. Il est parti en paix, je le sais. Il est plus heureux Là-haut qu'il ne l'a jamais été sur Terre.

Aujourd'hui, il sait que j'écris et que je raconte ses petites frasques ; pas grave, il ne m'en veut pas, et moi non plus...

Février 2021

Il m'agace, ce satané mois de février qui ne tient pas ses promesses de passage éclair. Trop long, trop glacial... Avec le froid, le temps devient élastique. Tous ces petits flocons de neige me glacent le sang... En plus, c'est rideau à 17 heures, la nuit envahit trop vite mon espace. En février, le jour n'a pas la moindre chance. La terre est plongée dans les ténèbres. Et moi, je rêve d'une bulle de lumière, chaude et réconfortante.

Depuis ce matin, mon corps me tiraille, l'impression désagréable qu'on essaie de me tirer par la jambe ! Drôle de façon ! Que va-t-il encore se passer ? J'attends, on verra bien. On ne peut rien faire, ce sont *Eux* qui décident du moment et de la manière. Mais je suis tellement fatiguée, s'*Ils* voulaient bien différer le message, j'apprécierais... Mon lit me réclame, mais je ne monte pas dans ma chambre. Je tournicote dans tous les sens. Impossible de me poser, je m'agite sans raison. Quelque chose se prépare, je le sens. Je décide de m'occuper utilement. Comme notre Covid est toujours bien présent, je vais désinfecter la cuisine ! Une drôle d'idée : du ménage en début de soirée..., mais c'est celle qui me traverse la tête à ce moment-là... Désinfectant sur désinfectant, j'astique, je frotte, je m'acharne. La table de la cuisine est décapée, j'y pose une bouteille d'eau et un verre que je monterai dans ma chambre, tout à l'heure, en allant au lit.

Je vérifie que les volets et les portes sont bien fermés. Plus que moi et le silence de la maison. Mes doigts s'agitent dans tous les sens, ils frétillent. C'est le signal, *Ils* arrivent. Ce soir, pas de repos, *Ils* ont programmé un tableau. J'étale tout en vrac sur la table du salon, que j'ai recouverte d'une vieille couverture : mes pinceaux, mes tubes de peinture, à moitié vides, neufs, sans bouchon, essoufflés, des vieux chiffons, en fait tout mon attirail. Me voilà au cœur d'un projet dont j'ignore tout, un nouveau tableau, une excitation à son comble. Où vont-*Ils* me faire aller ? *Ils* ne me disent rien. Quelle importance après tout, j'ai l'habitude ! Au fil du temps, la peinture a pris une place centrale dans ma vie, elle m'anime et me fait vibrer. Je ne puis imaginer ma vie sans elle. Elle est une partie de moi.

Ce soir, *Ils* veulent du bleu, un bleu presque agressif, et un orange criard... *Ils* passent trois heures à me guider dans cette multitude de traits, d'arrondis, de courbes. Rien ne prend forme, rien ne se dessine, rien dont je ne saisisse le sens. Des dégradés de couleurs sur la toile. À minuit pile, je m'arrête un instant, le temps de me désaltérer avec une bonne tisane bien chaude. Immobile devant ce fidèle chevalet que je traîne depuis si longtemps, mon corps s'est refroidi. La tisane me fera le plus grand bien.

J'allume la lumière de la cuisine. Un saisissement immense. Mes yeux sont figés, ils bloquent sur une curieuse plume blanche, délicatement déposée entre la bouteille d'eau et le verre, laissés tout à l'heure sur la table. Cette plume, anormalement grande, a une forme originale et délicate, comme pliée en deux, avec une extrémité dédoublée et des fibres ébouriffées par endroits, comme une plume de duvet. J'en ai le souffle coupé. Mon cœur bat à tout rompre. De peur, tout d'abord, je scrute la pièce dans tous les sens... Mais d'où vient cette plume ? De nulle part ? Tombée du ciel ? Qui l'a déposée ? Les deux fenêtres de ma cuisine sont fermées, la grande porte qui donne sur le balcon aussi. J'ouvre tout, pour essayer de comprendre ce qu'il a pu se passer... Il fait nuit, c'est ridicule. Il n'y a rien. Je referme tout. Je n'ose toucher cette plume prodigieuse. Je sors le téléphone de ma poche, une photo s'impose... J'avoue que je suis pétrifiée, c'est la première fois qu'*Ils* m'envoient un signe pareil. Plus envie de peindre, entre stress et questionnement, j'oublie ce tableau, inachevé...

Je connais la signification des plumes, les blanches en particulier, elles sont très positives. Elles sont envoyées par nos anges gardiens, présents pour nous. Pourquoi ont-*Ils* décidé de se manifester ce soir ? Qui peut le dire ? Comment un tel prodige a-t-il eu lieu ? C'est un mystère, un de plus... Mais un magnifique mystère, un cadeau de Là-haut. Je prends délicatement mon trophée, comme si j'avais trouvé un trésor. Je le dépose sur une grande serviette blanche. Demain, il fera jour.

Mon imagination se met alors à dérouler toutes sortes de scénarios, les pires comme les meilleurs. Depuis le temps, avec tout ce que j'ai vécu, elle n'a plus aucune limite. Évidemment, j'ai très mal dormi, bougé dans tous les sens. Dans la nuit, j'ai envoyé la photo de la plume *fantastique* à quelques amis, qui me prédisent (c'est le comble, pour une médium...) une très bonne nouvelle.

Je me suis mise à parler à ma plume chaque jour... Qu'elle protège de ce vilain virus mes proches et mes amis, qu'elle préserve notre santé. Le sixième jour après son apparition, je reçois un appel d'une inconnue qui me parle de mes tableaux. Elle les a découverts sur Internet. Ils lui plaisent. Elle les a même adorés ! Elle me fait une belle proposition, une très gentille proposition. Je n'en crois pas mes oreilles. Tellement de promesses non tenues... La plume disait peut-être vrai. Je me prends à espérer.

Quatre jours plus tard, cette dame débarque chez moi. Elle vient de loin, du Midi, pour me rencontrer et me proposer des expositions à l'étranger. Une alliance subtile de distinction et de sobriété. C'est une très jolie femme. Ses longs cheveux bouclés sont détachés et couvrent ses épaules. Ses yeux bleu glacier vous transpercent au premier regard. Et, pour couronner le tout, un prénom romantique, à consonance italienne : *Julietta*.

Elle ne vient pas pour rien, la belle Julietta. Elle connaît absolument tout de l'art, des galeries, des tableaux ; les coups de pinceau n'ont aucun secret pour elle. Elle a bourlingué à travers le monde, fait mille métiers. Aujourd'hui, c'est une femme d'affaires accomplie et reconnue.

— Vos tableaux m'ont touchée, Monique. Il s'en dégage une émotion exceptionnelle.

Plus de deux heures à mes côtés à examiner mes toiles, une par une.

— Si vous le permettez, Monique, je vais m'occuper de vous, il faut absolument sortir vos œuvres de l'ombre. Elles sont remarquables. Elles méritent d'être exposées dans des galeries.

C'est inespéré. Une chance unique de faire voyager mes petits tableaux dans le monde entier. Ils ont beaucoup à donner. Julietta ignore, pour le moment, la dimension prodigieuse de mes toiles. Comme j'ai pu l'expliquer dans mon précédent ouvrage, ces peintures choisissent leur propriétaire et ont vocation à protéger. Elles ont leur propre histoire et ne sont pas le fruit de mon imagination ; elles délivrent un message qui se dessine et se dévoile seulement à la personne à laquelle elles sont destinées. Ce ne sont pas des tableaux ordinaires.

— Monique, dès que le confinement sera terminé, que la pandémie sera régulée, vous pourrez faire une première exposition à Monaco. Qu'en dites-vous ?

Qu'est-ce que j'en dis ? MERCI la plume, et merci à la belle Julietta pour ce vote de confiance. Tout comme moi, elle croit aux plumes blanches qui se déposent tout en douceur sur une table de cuisine, à minuit, par un mois de février glacial. Je sais également que cette plume n'a pas dit son dernier mot et me réserve encore quelques bonnes surprises.

Depuis que cette plume est arrivée dans ma cuisine, la chance berce ma vie, et je multiplie les belles rencontres. Comme quoi, tout arrive, quel que soit l'âge.

Aujourd'hui, 16 février, je reçois sur mon téléphone portable une photo émouvante de ma très chère amie Roméa. Elle fête ses cent ans. Cela fait presque cinquante ans que je la connais. En réalité, j'ai d'abord fait la connaissance de sa fille, Hélène, bien avant elle. C'est une jolie brune, professeure d'anglais dynamique, célibataire, fille d'immigrés italiens. Jamais mariée, et pas d'enfant. Sympathique et bavarde. Femme d'une élégance rare, elle était toujours habillée avec goût, ton sur ton. Elle sortait du rang. En la voyant la première fois, j'ai pensé qu'elle travaillait dans la mode.

Elle venait de loin, souvent pour du magnétisme qui soulageait ses problèmes digestifs. Déjà jeune, elle se plaignait de douleurs diverses. Les séances lui faisaient du bien, et, malgré la distance, elle revenait régulièrement, deux fois par mois. Au fil du temps, nous sommes devenues amies. Pour lui éviter la fatigue de la route, je lui ai demandé une photo, car je pouvais la soigner à distance, et elle le ressentait dans son corps à chaque fois.

Un jour, elle m'a présenté Roméa, sa maman. Hélène était le portrait de sa mère. Encore toute jeunette, la Roméa. Une très belle femme de quatre-vingts ans. Petite, pulpeuse, brune, frisée, pas une ride. Elles n'habitaient pas très loin l'une de l'autre, chacune une maison avec un jardin potager où regorgeaient de beaux fruits et légumes ; Roméa avait une passion pour les fleurs : des roses, des pétunias, des géraniums, des bégonias et des arums. Un petit paradis odorant, primé plusieurs fois par la mairie de sa commune. Quelques poules pour de bons œufs frais à disposition, et des lapins. Une vie saine qui devait sûrement être le secret de son joli teint, mais aussi le travail. La retraite, elle n'a jamais su ce que c'était. Elle ne s'est jamais arrêtée de faire des projets, des voyages, de recevoir ses amis et sa famille. Roméa a fait le choix instinctif de vieillir gentiment, dans l'acceptation de son âge et de ses rides.

Roméa, Hélène et Italo, le papa, formaient à eux trois une famille très unie, aimante et généreuse. Hélène était fille unique, infiniment choyée par ses parents. Elle leur a voué sa vie entière, peut-être aux dépens de ses propres amours... Mais c'est un être d'une générosité rare, toujours prête à ouvrir sa porte, à faire un cadeau, à aider.

Notre Roméa, elle, était l'archétype de la *mamma* italienne. Elle était arrivée en France, après la guerre, en 1947. Vingt ans plus tard, elle était nommée première main chez un couturier de renom, Hermès. Elle a pris sa retraite en 1994. Que de robes, de manteaux, de carrés fabriqués par ses petites mains expertes. À l'atelier, on la surnommait « Roméa aux doigts d'or ».

Elle m'a plu, dès la première fois. Elle avait cet accent italien, joyeux et chantant à la fois, me clamant de sa voix retentissante :

— *Buongiorno cara, carissima ! Sei bella !*

« Bonjour ma chère, très chère ! Tu es belle ! » Elle me faisait beaucoup de compliments qui, dits en italien, prenaient plus de valeur encore. Elle m'a offert quelques carrés Hermès qu'elle avait elle-même réalisés. Quels cadeaux merveilleux ! Elle travaillait le lin, la soie, le coton, au métrage. Elle habillait le monde des stars, des grandes fortunes ; des mètres et des mètres de tissus déroulés tout au long de sa vie.

Elle récupérait les chutes pour habiller sa petite fille comme une princesse. Des chemisiers en soie, de la laine pour réaliser vestes et manteaux pour la jeune Hélène. C'était donc cela le secret de son élégance. Elle créait même des vestes pour son mari. Roméa travaillait jour et nuit pour satisfaire une clientèle très exigeante.

Elle m'a fait cadeau de sa surjeteuse, en chêne, créée des mains de son mari. Cette machine, je n'en ferai rien, je ne sais pas coudre. Mais, de temps en temps, je la regarde, je la touche. Elle est le symbole d'une vie tout entière dévouée au travail.

Son mari, Italo, « Bibi » pour les amis, est parti il y a quelques années. J'avais vu son amputation et son décès proche.

Roméa a commencé à être tracassée par de petites douleurs aux genoux. De l'arthrose, bien sûr, l'usure du temps. Cela l'empêchait de courir. Elle qui courait toujours à droite et à gauche. Comme pour Hélène, les premières séances chez moi, puis sur photo. J'ai voulu les aider toutes les deux. J'allais donc parfois les voir chez elles pour les magnétiser.

Un jour, un coup de fil. Roméa venait d'être hospitalisée d'urgence. Une infection pulmonaire avec septicémie.

J'ai couru à l'hôpital de Gonesse. Elle était contente de me voir, et même apaisée. Le pronostic vital était engagé, et les médecins très pessimistes.

Je suis repartie avec une photo récente de ma Roméa que j'ai magnétisée tous les jours. Les antibiotiques sûrement et peut-être aussi mon magnétisme l'ont aidée à surmonter cette dramatique épreuve. Trois semaines après, elle est sortie de l'hôpital. Invitation lancée pour fêter la guérison miraculeuse. Un risotto aux petits pois de son jardin. Un véritable délice de la part de cette Italienne qui m'offrit, en partant, un plat entier de lasagnes pour mes enfants ! Roméa, ce n'était pas que les carrés de soie, c'était aussi la cuisine, la généreuse cuisine méditerranéenne. Je me suis régalée à chaque visite. Osso buco, tiramisu, polenta et sauce bolognaise maison, sans oublier le petit coup de cette grappa qu'elle ajoutait chaque jour dans son café du matin, *un caffè corretto*... « Du tonus garanti pour toute la journée », disait-elle. Une épicurienne dans l'âme, notre Roméa.

Impossible également d'oublier la fois où, en passant mes mains sur ses bas à varices pour lui calmer ses maux de jambes et de genoux, d'un seul coup, mes mains se sont creusées et brûlaient :

– C'est bizarre, Roméa, tu n'as pas mal à la jambe ? Moi, oui !

– *No, no, cara mia*, elle est juste un peu rouge. Je ne sens rien du tout, je suis bien.

J'étais quand même un peu inquiète, mes mains se creusaient tellement qu'elles étaient devenues rouge violacé, ce qui est assez rare à ce point-là ; il devait y avoir quelque chose là-dessous… Je creuse, je scanne, je vois : un début d'ulcère variqueux commençait à faire *son trou*, c'était tout violet. J'avertis aussitôt mes deux amies. Elles ont confiance en moi et prennent mes visions très au sérieux. Elles réagissent immédiatement. Les médecins confirment.

On a évité le pire. *Merci, Italo, tu as dû me guider…* Je l'ai senti.

J'ai toujours sa photo avec moi. Roméa est en forme, fait des mots fléchés trois à quatre heures par jour, regarde la télé, surtout les jeux. Sa mémoire est intacte. Elle me dit souvent que c'est grâce à moi. Je veux bien le croire. Chaque jour, je prends sa photo entre mes mains, qui chauffent et se creusent encore.

– C'est pour toi, Roméa, un peu de force aujourd'hui.

La vie passe, passe et, aujourd'hui 16 février 2021, un événement dans ma vie, notre Roméa fête ses cent ans ! Je voulais vous parler d'elle, ma première centenaire et, à ce jour, l'unique ! Avec le Covid, nous n'avons pas pu faire la fête. On l'a vue de loin, couverte de cadeaux et de fleurs.

Mars 2021

Est-ce cette fichue pluie qui brouille aujourd'hui ma vue et mon esprit ? Une de *Leurs* facéties ? Je ne sais dire. J'ai beau regarder côté jardin, il tombe des cordes ; côté rue, je ne vois même pas le visage des passants cachés sous leur parapluie, ils sont trempés jusqu'aux os, achevés par des voitures maladroites ou hargneuses qui les éclaboussent sans vergogne, un peu, beaucoup, passionnément...

Je m'adonne à la lecture, une de mes activités préférées, un refuge, une bulle, un bien-être. Je lis, et relis aussi beaucoup, des poèmes, des essais, des biographies, des revues psychologiques, des livres d'art... Je suis plongée dans mon premier livre, je relis quelques pages. Belle illusion... En réalité, je ne suis pas concentrée, je sens bien que je suis ailleurs... Je repose mon livre sur la table basse du salon, je m'allonge sur mon canapé pour me détendre, mais je n'y arrive pas. Mon esprit a pris le pouvoir et me renvoie, sans ménagement, dans une séance de spiritisme que j'avais dirigée il y a déjà plusieurs années, dans une magnifique demeure historique. Pourquoi aujourd'hui ? Je ne comprends pas... Je me rappelle que nous sommes le 19 mars, la Saint-Joseph, et là, soudain, je comprends tout.

– Il viendra me chercher le jour de sa fête, c'est avec lui que je tirerai ma révérence, et seulement avec lui !

La propriétaire de cet ancien château fort, où j'ai eu l'occasion de faire quelques séances de spiritisme, a toujours su qu'elle mourrait le jour de la fête de son saint préféré. Et c'est ce qu'il advint. Cette noble héritière, dont le lignage remontait au XIIIe siècle, est partie rejoindre ses illustres ancêtres le 19 mars... Elle se plaisait à raconter l'histoire de son château qui la liait indirectement à Louis XIV, par l'un de ses principaux ministres.

Toute la vie de cette femme d'une piété sincère fut consacrée à la protection du symbole de sa lignée. Elle a aimé et pris soin de son héritage, dont l'histoire est jalonnée d'actes héroïques, d'épisodes sanglants de la Révolution française ou de l'Occupation allemande. Siècle après siècle, les vieux murs de cet édifice ont stocké une énergie puissante, et cela est valable pour de nombreux châteaux et palais.

Et, ce matin, cela remonte en moi, comme un mouvement d'humeur, un retour en arrière. L'indiscutable liberté du temps qui fait de nous ce qu'il veut. Je revois et revis certaines scènes, je perçois des sons, mais je ne distingue pas les propos, des portes qui claquent, des meubles qui craquent à tout rompre, des coups sur les murs, des voix fortes, une agitation croissante, le déchaînement des forces invisibles. Soudain, je me rappelle que mon amie Monique a assisté à cette séance, je la revois parfaitement, elle en était sortie très perturbée.

J'espère qu'elle aura gardé des petites choses en mémoire, je vais l'appeler. Des bribes de souvenirs resurgissent du fond de ma mémoire, Là-haut, *Ils* lui avaient transmis une information importante, et cela concernait son père. Elle est sûrement à la maison, comme la plupart des gens, elle ne peut pas sortir aujourd'hui, pour cause de pluie diluvienne. Une sonnerie à peine, et elle décroche très vite le téléphone. Elle s'ennuie, je le sens. Elle est heureuse de m'avoir au bout du fil. Pressée pour je ne sais quelle raison, je lui demande tout de go :

– Monique, est-ce que tu te souviens de cette séance de spiritisme qu'on avait faite au château, celui des quatre tourelles ?

– Tu m'étonnes que je m'en souviens ! C'est à jamais gravé dans ma mémoire. Nous avions commencé très tôt et fini très tard ce jour-là, quelques petites heures avant le lever du soleil. Une pluie de révélations pour plusieurs participants, *Ils* nous ont dit tellement de choses. Rappelle-toi, Monique, quelqu'un m'a parlé et m'a dit : *« Dans vingt et un jours à partir d'aujourd'hui, les cloches sonneront, votre père montera et partira pour son dernier voyage. »* Vingt et un jours plus tard, jour pour jour, mon père est décédé. Bien sûr, j'ai appréhendé cette date, mais, comme j'avais été avertie, d'une certaine manière je me suis préparée et je n'ai pas été surprise. Ça m'a permis d'accompagner ma mère avec plus de force et de courage, car elle, elle était complètement accablée par la disparition de mon père. Quand j'y repense, cette révélation a été une bénédiction. Je crois que, si je n'avais pas su, j'aurais été dans le même état que ma mère, incapable de réagir.

Là-haut, *Ils* savent ce qu'*Ils* font, quand *Ils* décident de le faire, et ce qu'*Ils* révèlent.

– *Ils* ont aussi annoncé que les cloches retentiraient pour un futur mariage ; ces deux personnes ne se connaissaient pas encore, mais elles étaient présentes dans la salle. On s'est tous regardés, de qui parlaient-*Ils* ?

En réalité, ces deux personnes étaient mariées, chacune de leur côté, au moment de la révélation, nous l'avons su après quand ils ont annoncé leur mariage. L'un des deux, veuf très peu de temps après la séance, a soigné son chagrin dans les bras de celle à qui il a fini par mettre la bague au doigt, présente, elle, à la fameuse séance de spiritisme...

Mon amie Monique est intarissable. Elle passe d'un souvenir à un autre. Cette séance l'a profondément marquée, comme la plupart des personnes qui ont la chance d'y assister une fois dans leur vie. Elles sont toutes bouleversées par les révélations et l'atmosphère, les participants n'oublient jamais. Moi, j'oublie, car je suis là, sans l'être, en transe. Ma mission de canal est à son comble. Je passe d'une révélation à une autre, d'un esprit à un autre, *Ils* veulent tous dévoiler quelque chose. Ce genre de manifestation est rare, *Ils* en profitent, *Ils* ne m'épargnent pas, mais c'est ma mission de vie.

– Tu te souviens de cette hôtesse de l'air magnifique ?

– Oui, une femme splendide, qui attirait les hommes comme un aimant... Mais je ne me rappelle pas si elle a eu un message.

Les participants ne sont que de simples spectateurs. Rien d'autre à faire pour eux que de profiter de la fête et d'espérer un message. Pour moi, c'est plus compliqué. Contrairement à Monique, il m'est impossible de me souvenir de cette séance comme des autres, car c'est moi qui mène la danse, et, ce soir-là, ce fut une furieuse polka !

– Alors, cette hôtesse de l'air, elle a eu un petit message de Là-haut ?

– Oui, de son mari, c'est lui qui est venu, ce soir-là ! Il était mort jeune, des suites d'un accident de vélo. Il lui a dit des choses assez désagréables, une série de reproches. Depuis qu'il était monté Là-haut, sa femme avait changé, et cela ne lui plaisait pas. Elle faisait n'importe quoi... Elle s'est mise à pleurer. Tout était vrai, elle l'a reconnu entre deux sanglots. Soudain, elle a été prise d'un malaise. Des participants se sont précipités vers elle pour s'assurer qu'elle n'avait rien de grave. Mais le plus impressionnant reste à venir, Monique. L'hôtesse de l'air portait à son cou une chaîne avec une médaille de la Vierge Marie. Il s'est passé une chose extraordinaire, personne ne s'y attendait. Sous nos yeux ébahis, la chaîne s'est détachée du cou de la jeune femme, et sa médaille est tombée à terre. Je m'en souviens comme si c'était hier, j'en ai encore la chair de poule. Un silence dans l'assemblée, on était paralysés. Par chance pour elle, il y avait un médecin dans la salle, qui est intervenu rapidement. Elle est assez vite revenue à elle. Elle a beaucoup, beaucoup, pleuré et s'est juré de ne plus participer à une séance de spiritisme. Mais elle a confié à l'amie qui était venue avec elle qu'elle avait été heureuse que son homme soit venu. La chaîne et la médaille étaient un cadeau de son mari. Il les lui avait achetées peu de temps avant son accident.

Moi, la seule chose dont je me souvienne précisément, c'est la visite de cette hôtesse de l'air quelques mois après la séance. Je crois qu'il s'était écoulé environ trois mois. Elle est arrivée presque en s'excusant. Il avait été très difficile pour elle de voir sa vie exposée à une assemblée d'inconnus. En venant à la séance de spiritisme, elle avait cru s'amuser et passer un bon moment ; cela avait été tout le contraire. On ne peut jamais prédire, prévoir. Ce sont *Eux* et *Eux* seuls qui décident de ce qui va être révélé, et à qui.

Elle m'a raconté sa vie après la mort de son mari. Elle avait tout vendu, tout ce qui lui avait appartenu, très rapidement. Elle avait enchaîné les amants. Des larmes inondaient son joli visage. Rien à condamner, dans cette confession. Ne jamais juger. Chacun vit la perte d'un proche, comme il peut, à sa manière. Je l'ai rassurée et consolée. Cela faisait à peine deux ans qu'ils étaient mariés. C'était un couple naissant, en devenir. Une conversation longue entre elle et moi, et quelques prédictions plus agréables. Deux ans plus tard, elle m'appelait pour m'annoncer la naissance de son premier enfant avec un homme qu'elle avait connu à ses quinze ans. Le hasard, un jour, sur une plage, l'a remis sur sa route. Le hasard n'existe pas. J'en suis convaincue, je pense que c'est son mari qui lui a envoyé, afin qu'elle retrouve le bonheur brutalement brisé avec sa mort.

La pluie tombe toujours. Cette ancienne séance de spiritisme dans le château des quatre tourelles m'a épuisée.

L'énergie présente est toujours très forte. Le temps n'a pas d'emprise sur certains souvenirs.

Un an déjà, presque jour pour jour, que nous sommes confinés. Encore une nuit blanche. Je suis tourmentée par le Covid galopant. Des flashs incessants. Je suis épuisée, incapable de fermer l'œil. Dans le silence de la nuit, je sens le fil du temps. Je ne dors pas, je ne vis pas ; le temps, lui, n'en fait qu'à sa guise.

Chaque tour de roue nous rapproche de la fin. Un nouveau jour, déjà derrière nous, et au bout… La mort terrifie, froide et sans pitié, elle ne fait pas de quartier, pas de passe-droit, pas de privilège, elle n'épargne personne. La mort est source d'angoisses millénaires. Comment va-t-on mourir ? Quand va-t-on mourir ? Où va-t-on mourir ? Et pourquoi meurt-on ? Il sert à quoi, notre passage sur Terre ? Des questions incessantes, les mêmes depuis des siècles. Qui détient les réponses ? Personne. En tant que médium, j'ai de temps à autre un aperçu. On me souffle parfois des réponses à l'oreille : chacun de nous, à son niveau, quoi qu'il fasse ou ne fasse pas, a une mission sur Terre. Qu'il chante, qu'il danse, qu'il enseigne, qu'il construise, qu'il fabrique, qu'il soigne, qu'il invente ou qu'il prédise…, chacun de nous est la partie d'un tout, le monde est comme une gigantesque ruche, où les abeilles œuvrent pour un *souverain bien*.

J'ai raconté, dans *Les ombres me parlent*[1], ces deux longues années *en captivité* à l'institut héliomarin de Palavas-les-Flots,

1. Exergue, 2019.

où la maladie de Pott m'a figée, bloquée, coincée, à plat ventre sur un lit de torture ; ce sont mon âme et mon cerveau qui ont pris le relais et m'ont préparée à ma mission de vie. Un temps long mais nécessaire pour tracer ma vie, ma voie.

Il y a quelques jours, la journée était prometteuse, l'été au mois de mars, avec en prime, ce soir, Monsieur le Président qui va parler du Covid et de sa ribambelle de variants de toutes les couleurs. Les Français sont déjà en état d'alerte, derrière les écrans de télévision. Moi, pas très envie d'allumer la télé, lassée de cette vie qui n'a aucun sens, de ces contradictions permanentes.

Ce soir, mon esprit se fixe sur ma jambe. Elle me fait souffrir depuis une petite huitaine de jours. La douleur s'est installée sournoisement et a pris ses aises, un peu trop d'ailleurs depuis quelques heures. Pas grave, ce sont les douleurs de l'âge, « la vieillerie » comme ils disent. Je n'ai jamais été très douillette, ça passera avec la bête. J'opte pour une lecture détente, histoire de tromper mon esprit. Il y a plein de revues sur la table, je tente le coup. Échec prévisible sur toute la ligne. Je m'en doutais... Rien ne m'intéresse aujourd'hui, on a beau jouer les héros, il y a des jours où c'est le bide complet. Une sortie ? Impossible, l'heure du couvre-feu approche. Pas le temps de faire un aller-retour : 18 heures, bientôt.

Je promène machinalement mon pendule. Je fais mes petits exercices habituels pour voir si j'ai toujours la main...

Tenez, en voici un dont je vous livre le secret : sur deux grandes feuilles blanches que je colle, je fais un cercle, un triangle, un losange, un trait vertical, un trait horizontal, et même un trait en zigzag. Je pose mon pendule au-dessus, et il doit normalement me tracer exactement le dessin que j'ai fait, le suivre à la lettre, trait pour trait, dans le même sens. Cela ne marche que quand je suis bien concentrée.

Une idée me pousse à me faire un petit coup de pendule sur ma jambe, mes mollets et mes cuisses. À la question : « Ne serais-je pas en train de me préparer une petite phlébite ? », mon fidèle pendule me répond : *« Non, non, non ! »* Et pourquoi pas une thrombose ? Mon pendule se met à tournoyer comme un fou : un *« OUI »* massif et sans équivoque ! Je suis, malgré tout, très étonnée, car je prends des anticoagulants depuis un an. Pas moins de quatre médecins pour m'affirmer, à l'époque, qu'il n'y avait absolument aucun risque de thrombose… Je ne m'affole pas. On verra demain. Je vais essayer d'aller voir mon médecin traitant. Il me connaît bien, plus rien ne l'étonne en ce qui me concerne. Il est habitué à me voir arriver avec le diagnostic en poche.

Le lendemain, je l'appelle, il peut me prendre en fin de matinée. Comme j'ai un peu insisté, il accepte de me glisser entre deux patients.

– Qu'est-ce qui vous arrive ? On dirait que vous boitez.

– Je me suis fait un coup de pendule sur la jambe, je pense que j'ai une thrombose dans la veine, Docteur !

– Impossible, vous êtes sous anticoagulants. Et, surtout, celui que vous prenez, il est puissant.

– Vous me connaissez bien, Docteur, je n'ai pas plus que l'ombre d'un petit doute. Pourriez-vous me prescrire une ordonnance pour un doppler en urgence, s'il vous plaît ?

Il ne rechigne pas et me rédige cette ordonnance en urgence. En rentrant chez moi, je contacte immédiatement mon radiologue habituel qui est aux abonnés absents pour deux semaines. Pas grave, ce sera avec son remplaçant. Je sens bien que les choses ne peuvent attendre son retour. Puisque l'ordonnance a indiqué « urgence », le rendez-vous est prévu dès le lendemain. La nuit est pénible, tant ma jambe me lance. Pas vraiment d'antidouleurs autorisés, dans mon état.

Le lendemain, j'arrive avec un peu d'avance. C'est un homme sympathique et souriant qui m'accueille. Il se veut rassurant. Les premières paroles sont les mêmes :

– C'est impossible, avec les anticoagulants que vous prenez, ce doit être autre chose. Probablement rien à voir avec les veines !

Je ne m'offusque pas. Je ne dis mot, je reste stoïque, dans l'attente du verdict final. Ma jambe est entièrement tartinée de gel, c'est frais et très agréable. Le phlébologue passe et repasse sa petite sonde en appuyant bien sur les veines. Au passage, il me glisse :

– Ah non, non, il n'y a pas grand-chose, et je dirais même qu'il n'y a rien, Madame, absolument rien. Comme je vous l'ai indiqué tout à l'heure, c'était impossible au vu de votre traitement actuel.

Et, d'un seul coup, branle-bas de combat, le ton change, enfin on y arrive !

– Oh, mais qu'est-ce que je vois là ? C'est très, très étonnant, mais vous avez une petite thrombose dans la veine. Vous aviez raison, Madame. C'est juste incroyable, tellement c'est rare ! Il faut absolument augmenter vos doses d'anticoagulants. Et ce, dès ce soir !

Le médecin est perplexe, il ne comprend plus rien à rien. Je lui explique mon don, il ne comprend pas plus, mais accepte de croire cette étrange femme qui lui fait face. Il me demande gentiment si je suis vaccinée contre le Covid.

– Oui, Docteur, j'ai reçu la première dose, il y a sept jours. La deuxième est prévue dans trois semaines, mais, du coup..., je suppose qu'il faut attendre sagement la fin du traitement.

– Exactement. Un doppler de contrôle dans vingt et un jours, et on avisera.

J'ai bien suivi le traitement, mais, comme souvent, lorsque je suis malade, j'y ai ajouté quelques-unes de mes huiles essentielles favorites pour activer la guérison. Et, à l'heure où j'écris ces lignes, me voilà de nouveau sur pied. J'ai repris mon rituel de marche : une heure par jour, tous les jours.

Tout est bien qui finit bien, ou à peu près. Je m'en sors avec une petite thrombose. Cela aurait pu être bien pire. Merci, merci mon pendule, et merci aux médecins qui ont joué le jeu de l'urgence !

Le pendule me confirme toujours ce que je vois ou pressens. Il précise l'endroit, le foyer du mal, le siège de la douleur, son degré d'intensité. Il ne se trompe jamais, pour qui sait l'utiliser. Il m'aide régulièrement à retrouver plein d'objets perdus dans la maison : le téléphone, des lunettes introuvables, hop un coup de pendule, mes clés tant de fois retrouvées par cet ami fidèle. Il sait localiser le meilleur endroit pour un achat immobilier, il a fait mille fois le tour de la France, le tour du monde. Son pouvoir est inégalable. Il peut parfois se mettre à tourner si fort qu'il vole et m'échappe des doigts. Une fois, une amie de longue date m'a sollicitée pour son fils, qui venait de rentrer de l'étranger où il avait passé dix ans. Une photo du jeune homme, un beau garçon, dont les yeux m'attirent immédiatement. Je positionne mon pendule au centre de la photo. Il tourne et tourne au point où je suis obligée de tout arrêter. Je le pose sur la table. Sur la chaîne, trois nœuds ! Incroyable, la chaîne s'est nouée à trois endroits. Mon amie, témoin de l'agitation du pendule, a constaté comme moi ces trois nœuds.

– C'est la première fois que ça arrive, Monique ? demande-t-elle intimidée.

– Mais non, rassure-toi, ce n'est pas la première fois, c'est déjà arrivé à plusieurs reprises.

Je sais ce que cela cache. C'est le pire scénario, toujours l'annonce d'une urgence, d'un malheur imminent, d'une maladie grave... Guillaume doit rapidement consulter un ophtalmologiste. Il a un problème sérieux aux yeux. Il y a urgence. Comment l'annoncer à sa mère ? Avec tact et douceur.

Elle est partie un peu troublée par la nouvelle et par le pendule incontrôlable. Peu de temps après, son fils

Guillaume, que je connais bien, veut me voir. Il porte des lunettes teintées, alors qu'il n'y a pas de soleil. Je lui demande de les quitter avant que je prenne le pendule. Et, rebelote, mon pendule s'affole et vole dans les airs, il est endiablé. C'est spectaculaire. Stop, je le pose sur la table basse, la chaîne est à nouveau nouée ! Un rendez-vous médical est pris immédiatement, mon magnétisme accompagnera une convalescence qui s'annonce longue et incertaine. Au moment où j'écris ces lignes, Guillaume est encore en soins, il est revenu chez moi trois fois. Il a retrouvé un réel bien-être, une légère amélioration, mais il n'est pas guéri. Il est stupéfait et heureux de m'avoir rencontrée. Encore un que je suis *du coin de l'œil…*

Il m'est arrivé, rarement je l'avoue, de refuser d'utiliser mon pendule. C'est ce qu'il s'est passé un jour avec un ami, Gérard. Il vient me trouver pour une transaction immobilière délicate. Il est accompagné de son épouse, Michèle. Elle le trouve un peu énervé, ces derniers jours. C'est étonnant, le couple s'adore, jamais un mot plus haut que l'autre. Ils viennent de prendre leur retraite. Ils ont fait carrière à Paris et vont souvent se reposer dans leur nid d'amour à la campagne, du côté de Fontainebleau.

– Monique, fais-moi donc un petit check-up avec ton pendule magique ! Michèle me reproche d'en faire trop au manoir. Tu la connais ! Elle insiste. Moi, je suis en forme.

Je m'approche de lui. Une impression fugace à ce moment-là, plutôt une inquiétude. Des frissons partout.

Mes mains brûlantes. Je n'aime pas ces manifestations. Je ne les connais que trop. Que va-t-il donc nous faire, notre Gérard ? Sa mine est superbe. Ils reviennent de la Martinique. Reposés, colorés, tout excités. Gérard arbore son sourire enjôleur. Ses grands yeux bleus, rieurs et chahuteurs, sont éclatants avec le bronzage.

Moi, je ne tiens pas vraiment à ce petit coup de pendule. J'ai peur de ce qu'il pourrait donner. Parfois, il vole avec une telle force, à la vue de tous. Le pendule fait comme bon lui semble, il est incontrôlable. À cette époque, j'utilisais des pendules en bois. Un ami ébéniste, le seul à m'en avoir jamais offert un, avait fabriqué pour moi trois pendules de tailles différentes. Ils avaient été façonnés dans du buis. Tout bombés, vernis, avec une chaîne métallique dorée. J'ai adoré ces trois pendules en buis qui, un jour, malheureusement m'ont été volés. J'ai eu beaucoup de peine. Je ne crois pas que ce larcin ait porté bonheur à ses auteurs...

Que de chaînes de pendules brisées net sous la pression de la révélation ! J'ai toujours aimé cet instrument. J'en ai plusieurs, une petite collection, en bois, en métal, en verre. J'en ai donné à des amis ou à des proches ; pour eux, c'est comme un grigri, un porte-bonheur...

Mon grand-père était un spécialiste du maniement de la baguette de sourcier, qu'il manipulait avec une habileté légendaire ; moi, je peux dire sans hésiter que mon domaine de prédilection, c'est le pendule.

Mais revenons à Gérard et au coup de pendule qu'il réclame pour rassurer sa femme. Dans le cas présent, je décide de ne pas y avoir recours, je sais déjà ce qu'il en est et comment le pendule va se comporter. J'invoque un prétexte quelconque. Nous prenons le temps d'examiner les dossiers de la transaction qui l'a amené chez moi ce jour. En partant, je prends Michèle à part et lui glisse à l'oreille de m'appeler à son arrivée à la maison.

Une heure plus tard, le téléphone sonne. C'est Michèle, elle est affolée. Elle m'avoue que le retour a été compliqué pour elle. Tout se bousculait dans sa tête. Gérard, lui, était ravi. La transaction s'annonçait juteuse pour le couple, c'était leur dernier coup de poker. Michèle, soucieuse de nature, a toujours eu peur de perdre son mari prématurément. Elle ne s'imagine pas vivre sans lui. Gérard est son âme sœur. Ils se sont connus sur les bancs de l'école et ne se sont jamais quittés. Elle est angoissée à l'idée de ce que je peux lui révéler.

– Allô, Monique, je viens juste d'arriver. Je suis dans le jardin, Gérard est à l'intérieur. Vite, Monique, dis-moi tout, vais-je le perdre ?

Elle est confuse, la peur étouffe sa voix. Quant à moi, je suis prise de panique, j'avais vu Gérard par terre. Que lui dire sans l'effrayer ?

– Gérard a peut-être un problème cardiaque. Il faut absolument aller à la clinique dès demain, pour tirer tout cela au clair.

Je la rassure du mieux que je peux. Au fond de moi, je suis aussi inquiète qu'elle. Je crains de ne plus jamais revoir mon ami Gérard. Mais un espoir me tient encore : il est en superforme, magnifique, et n'a aucun symptôme annonciateur.

Dès le lendemain, Michèle et son mari - un peu fâché d'être contraint d'aller chez le médecin contre son gré - se rendent à la clinique. Une batterie d'examens, des prises de sang, un électrocardiogramme et un scanner du cœur. Médecins et infirmières s'affairent autour de Gérard. Les mines se ferment au fil de la journée, à l'arrivée des premiers résultats. On s'inquiète. On insiste. Monsieur doit passer la nuit. C'est plus prudent...

Face à la maladie, l'être humain développe souvent un sentiment d'angoisse, d'injustice. Une frustration. Michèle n'échappe pas à la règle. Elle vit, aujourd'hui, son pire cauchemar, ce qu'elle avait toujours redouté.

Deux jours avec les soignants. On investigue davantage. C'est indispensable. Le diagnostic tombe, il est sans appel. Un sérieux problème cardiaque. Une malformation avec laquelle il avait vécu si longtemps se rappelle à son bon, ou mauvais, souvenir. Il n'y a rien à faire. C'est inopérable.

Gérard est renvoyé chez lui, avec une prescription de repos. Personne n'est capable d'estimer le temps qui lui reste. Un jour, un mois, un an... Qui peut le prédire ? La science s'y refuse comme elle refuse de tout avouer à sa femme. Elle attend devant la clinique que Gérard règle les formalités de sortie. Elle est si heureuse de le retrouver. Deux jours sans lui, un enfer ! Elle m'appelle aussitôt :

— Gérard est sorti, Gérard est sorti, Monique ! Les médecins lui conseillent de se reposer. Je vais y veiller. Sois-en sûre.

Elle ne me laisse même pas le temps de dire un mot, Gérard est déjà dehors. Les médecins n'ont pas osé lui dire que son cas était très grave, ils ont pris mille précautions pour laisser sous-entendre, sans jamais affoler. Le couple se voit déjà reprendre le cours de sa belle vie.

Je sais, depuis très longtemps, que les visions font fi du temps. J'ai vu Gérard à terre, sans vie. Écroulé de tout son long. Chute brutale, inattendue. Impossible de dater précisément, même si je sens que c'est proche. Un jour, une semaine, un mois... Devais-je éprouver Michèle une nouvelle fois ? Comment avouer à une femme aussi aimante qu'elle va perdre son mari dans les prochains jours ? C'est trop cruel. Insensé. Impossible pour moi.

Un jour passe. Un sursis. Une faveur. Je retiens mon souffle. Début de soirée, un appel. Je décroche, c'est Michèle. Je suis paralysée. Elle se plaint de Gérard. Pour la première fois de leur vie commune, il s'est mis en colère, a crié fort, jetant les coussins du salon dans tous les sens. Il est renfrogné et colérique. Elle ne reconnaît pas l'homme qu'elle a épousé. Leur harmonie légendaire est rompue, d'un seul coup, sans raison apparente. Probablement une crise de démence. Je conseille à Michèle de l'emmener ailleurs, de le changer d'air. En dehors de tout contexte connu. Peut-être que cela pourrait le calmer, l'apaiser. Elle est prête à tout. Demain, ils iront se reposer en Normandie. C'est une bonne idée, l'air de la mer leur fera du bien, les médecins ont recommandé le repos...

La soirée se passe. Mauvaise nuit pour moi, un sommeil tourmenté. Des cauchemars à la suite, sans souvenirs le matin. Du bruit dans ma maison toute la nuit. Elle cogne, elle grince, elle crie. Elle a quelque chose à me dire. Je sors du lit aux aurores. Je descends les escaliers. Je fais un rapide état des lieux. Les bruits venaient d'en bas. Dans la cuisine, rien, mon bureau, rien, le salon enfin, le message que j'attendais. Je vois, à terre, sur le tapis, le crucifix en métal, qui se trouvait dans la bibliothèque, au fond de l'étagère centrale. Il est simple et mesure environ vingt centimètres. Le signe est clair: rien de bon aujourd'hui ou dans les jours à venir.

Sur le coup des 10 heures, la sonnerie du téléphone retentit et me glace le sang. Je sais déjà. Michèle hurle sa douleur. Elle pleure son homme, son amour, son mari. Les mots, mêlés aux sanglots, sont presque incompréhensibles, mais je devine tout.

– Gérard est décédé, Monique, Gérard est décédé...

Je suis la première à être prévenue. Michèle parvient, après quelques minutes, à me raconter les heures qui ont précédé la mort de son Gérard. Il est devenu méchant, hargneux, disant des insanités à tout va. Il hurlait dans la maison. Soudain, il s'est écroulé. Tombé comme une masse à terre, c'était ma vision. Les secours sont arrivés, mais il était déjà trop tard, il est mort sur le coup. Ils n'ont fait que constater le décès. À nouveau, un destin fracturé.

C'est bien là tout ce que je reproche à la mort. Il arrive qu'elle nous bouscule et nous foudroie sans crier gare. On est en pleine santé. On se croit encore loin de la faucheuse. Mais elle guette, en embuscade permanente. Il nous faut être vigilants. J'avoue qu'en la matière, mon pendule a souvent été un guide infaillible.

Avril 2021

Pas d'âge pour séduire, pas d'âge pour aimer, pas d'âge pour se donner...

À soixante-douze ans, Violetta répétait à l'envi qu'elle plaisait toujours aux hommes, et même encore beaucoup. Jamais une femme n'avait si bien porté son nom ! Des yeux d'un bleu intense, presque violets ! J'ai rencontré cette joyeuse septuagénaire, un soir, à la gare Saint-Lazare. Elle y était toujours fourrée. Tous les jours, je passais par cette gare pour rentrer chez moi. J'avais déjà repéré son petit manège, elle qui croyait me regarder discrètement. Je devais probablement l'intriguer.

À l'époque, je travaillais comme secrétaire, du côté de la rue Saint-Lazare. Ce jour-là, elle est seule, assise sur un banc. Ce n'est pas son habitude. Elle est en train de manger un sandwich. Une fois encore, elle a les yeux fixés sur moi. Je fais mine de rien, je prends un café à la buvette en attendant mon train qui a du retard. Je sens bien que cette femme, qui doit être à la retraite depuis quelques années, s'ennuie et aimerait me parler. On dirait qu'aujourd'hui elle a l'air décidée.

Violetta s'approche. Et ce sont mes longs cheveux roux qui sont sa porte d'entrée.

– Vous avez des cheveux magnifiques, Mademoiselle. Dans le temps, moi aussi j'avais la tignasse toute rousse. Vous devez avoir un bon vingt-cinq ans. J'étais tout comme vous à votre âge, des taches de rousseur plein la bobine !

Cette femme est seule. Elle s'ennuie. Elle me touche. Je l'invite à prendre un café avec moi. Le temps que mon train arrive, on se tiendra compagnie mutuellement. Nous faisons connaissance simplement. Elle est bavarde comme une pie. C'est à peine si j'arrive à en placer une. Elle a passé sa vie dans les gares parisiennes, elle les connaît toutes. Elle a une préférence pour la gare Saint-Lazare, et surtout ses verrières historiques dont certaines ont plus de cent cinquante ans. C'est une ancienne femme de ménage de la SNCF. Des kilomètres de wagons, des allées entières nettoyées. Mais aussi de belles rencontres pour cette femme, veuve bien avant l'âge.

Violetta me trouve étrange, mes yeux la troublent.

– C'est drôle, la couleur de vos yeux, on dirait qu'ils scintillent. Vous avez de sacrés reflets, vous devez en faire, des ravages ! Moi, à votre âge et encore aujourd'hui, j'en ai eu des chéris ! On aime, on rit, on pleure, c'est toujours la même rengaine. Et hop, un clou chasse l'autre... Au suivant.

Violetta est une séductrice dans l'âme. Je le sens. Elle a été belle, un jour. Le malheur l'a frappée trop tôt. Un mari tant aimé, emporté par une vilaine grippe. Veuve à cinquante-cinq ans.

Le bonheur n'est jamais continu, personne n'est heureux à chaque minute de sa vie. Il faut vivre chaque instant intensément. Le bonheur, c'est par petits bouts. Et ensuite... le calme revient, dans nos têtes, nos esprits, nos cœurs.

La vie ne s'arrête pas selon l'âge qu'on a atteint. Cinquante ans, c'est l'âge où l'on rêve qu'on nous prenne la main, l'âge où deux ne fait plus qu'un tant la confiance est absolue, l'âge du partage de moments clairs, de doux rêves couleur réalité.

Violetta décide, très tôt, de faire fi des mauvais tours du destin. Sa vie n'est pas derrière elle, elle a, comme chacun de nous, un chemin à suivre jusqu'au bout, avec intensité.

Elle m'a plu tout de suite. Son franc-parler, sa gouaille, sa vitalité. De temps à autre, je m'arrangeais pour arriver à la gare un peu plus tôt et partager des petits moments avec Violetta. Elle se plaignait de vieilles douleurs, elle qui avait sillonné les wagons parisiens dans tous les sens. Aujourd'hui, à plus de soixante-dix ans, la pauvre femme a les genoux en capilotade. Souvent, je lui fais du magnétisme, toutes deux assises sur un banc. Mes deux mains sur ses deux genoux. Elle raffole de ces apartés. Elle me souriait doucement, et ses grands yeux violets se remplissaient de larmes, de gratitude et de bien-être.

Ma petite grand-mère *d'occasion* aimait me confier ses histoires d'amour. Et elle en avait beaucoup, la Violetta. Elle espérait toujours trouver, comme vous à vingt ans, à trente ans et plus encore, l'homme de sa vie. Un amour de carte postale, un idéal. Les rides, les douleurs aux genoux, les cheveux blancs n'ont jamais freiné les sentiments. Toujours tricoter et retricoter les liens de l'amour.

Que de fois l'ai-je mise en garde contre un Paul, un Pierre, un Jacques qui disaient l'aimer mais qui, en réalité, ne faisaient que profiter d'elle. Et Violetta y croyait à chaque fois. Elle me remerciait toujours chaudement de mes conseils. Des gâteaux, des écharpes, des boucles d'oreilles, des fleurs. Elle me gâtait comme elle pouvait. Au fond d'elle, elle espérait une vision de ma part. Celle de l'amour de sa vie.

Et, un jour, un certain Léon entre en scène. Violetta s'emballe aussitôt. Il faut cependant que je contrôle si ce n'est pas un chenapan. Elle a été roulée dans la farine plus d'une fois. Je regarde vite fait. Léon a l'air de quelqu'un de bien, je suis heureuse pour ma petite mamie de cœur. Mais il y a un nuage à l'horizon :

– On dirait qu'il est marié, Léon...

– Mais, non, Monique, vous vous trompez ! Il est divorcé. Je suis sûre de lui. Ne vous inquiétez pas. Ne vous tracassez pas la tête et les yeux...

Et voilà que notre Léon s'incruste. Il vient même, tous les trois jours, *l'honorer* de sa présence. Les semaines passent, nous continuons à nous voir, gare Saint-Lazare. Moins souvent, il est vrai, car Violetta n'était plus aussi disponible. Je la retrouve un jour et je remarque de suite que *la pie* a perdu sa langue. Elle ne me parle même pas de Léon. Plutôt étrange, pensai-je. Par respect, je ne demande rien. Violetta ne le souhaite pas. Je la laisse vivre tranquillement son histoire. Au bout d'un mois, j'ose lui demander :

– Alors, ça avance les projets avec Léon ? À quand la vie à deux ?

Violetta baisse la tête.

– Léon n'en parle pas encore.

– Vous sortez un peu ? Vous a-t-il invitée à dîner au restaurant ?

– Non, non et non !

Je sens bien que mes questions la dérangent un peu. Je stoppe net. Mais je fouille au fond de ses yeux violets. Pas d'amour, pas de joie, pas de bonheur. Que s'est-il passé ? Je garde le silence. C'est le temps de se taire.

Une semaine après, Violetta m'attend, je vois de loin qu'elle guette mon arrivée. On prend notre petit café ensemble, comme d'habitude. Elle veut m'avouer quelque chose mais n'ose le faire. Je la regarde intensément. Une femme à l'horizon... Mince, Léon est marié. Je comprends mieux l'absence de projets. Il est déjà pris, et bien pris !

– Ma petite Monique, j'ai longtemps hésité à vous demander, même là, je ne suis pas sûre que ce soit une bonne idée. J'aimerais savoir et, en même temps, il faut digérer la pilule surtout quand elle est amère... Allez, on va pas y passer la nuit, dites-moi vite, en un mot, Monique, si mon Léon est l'homme de ma vie, celui que le destin m'envoie, celui que j'espère depuis la mort de mon cher mari. Vous ne l'avez pas connu, mon mari, mais c'était une crème. Un homme, un vrai.

D'un seul coup, une vision bizarre : des billets de banque qui se promènent, d'une poche à une autre. Mais, non, pas possible. Lui rendrait-elle des petits services ? Il y a entre eux une histoire d'argent. J'y vais donc prudemment :

– Ne vous aurait-il pas prêté un peu d'argent, ce Léon ?

– Non, pas du tout…, il me le donne !

– Ah bon, il vous donne de l'argent ?

D'un seul coup, elle devient rouge comme une tomate, presque à suffoquer. La pauvre. Elle me fait tellement de peine.

– Mais, Monique, pourquoi vous voyez tout dans mes yeux ? Vous savez, il fait sa petite affaire, et après il me glisse un billet sous la patte du réveil !

Elle baisse la tête, ne pouvant soutenir mon regard.

Je ne la juge pas, je la plains. Mais il la prend pour qui, ma Violetta ! D'où il sort, celui-là ? Une deuxième vision très précise : je vois qu'il est médecin, un médecin qui n'exerce plus. Il semble âgé, comme Violetta.

Tout de go, elle me sort, sans sourciller :

– Oui, Monique, c'est vrai, c'est un docteur à la retraite, un ancien médecin de la Sécurité sociale.

Elle se fait avoir, ma Violetta ; il a femme, enfants et petits-enfants. Violetta est sa distraction. Il a des sentiments pour elle, mais pas suffisamment pour tout plaquer. L'argent, c'est comme un petit cadeau, une excuse, un soutien.

Violetta veut surtout un compagnon de vie, pour partager les bons et les mauvais moments. Léon, c'est un coup de vent. Il est gentil et généreux avec elle, mais il repart très vite. Il ne reste jamais.

– Monique, que vais-je devenir ? Si je quitte Léon, je serai à nouveau toute seule. Je ne supporte plus la solitude. Elle me pèse.

C'est pour cela qu'elle aime se promener dans les gares, il y a du monde, qui va et vient. Ça ne s'arrête jamais. Des histoires qui passent près d'elle, qui la frôlent, qui l'étourdissent. Et, l'espace de quelques instants, elle fait partie de leurs vies.

– Monique, les gares, c'est fini pour moi. J'ai toujours cru que j'y trouverais un amoureux. Mais je me suis bien fait avoir. Je ne pense pas qu'on se revoie un jour. Merci pour tout. Que Dieu vous garde !

Que lui répondre ? Rien. Je diffère. Ce jour-là, je suis rentrée chez moi dépitée. Il fallait que je demande à Georges, son défunt mari, de l'aider. Une idée me vient, je décide de faire une petite neuvaine pour Violetta. Advienne que pourra...

Trois longs mois sans nouvelles de ma grand-mère de cœur, elle me manque. Et puis, un jour, je la retrouve à notre buvette. Comme si elle m'attendait. Elle n'est pas seule. À ma vue, elle sourit et vient à ma rencontre, laissant derrière elle l'homme qui l'accompagne :

– Monique, ma chérie, comme je n'avais pas votre adresse, je me suis dit que peut-être, à la gare, j'avais une chance de vous croiser. Il y a un mois et demi, j'ai rencontré Guy. Vous connaissez mieux que personne l'état de mes pauvres genoux, eh bien, en allant chez le rhumatologue, j'ai fait la connaissance de cet homme dans la salle d'attente. Comme mon cher mari, c'est un ancien maçon. Il est aussi gentil que lui. Vous ne trouvez pas cela incroyable ?!

Je souris, je la serre dans mes bras et lui glisse à l'oreille :

– Violetta, c'est l'homme que vous espériez, c'est Georges qui vous l'envoie. Je suis heureuse pour vous.

Sur le quai de la gare, je me pose toujours mille questions. Ce sont des lieux magiques, des lieux de rencontre, des lieux de rupture, des lieux de premiers baisers sur le quai. De disputes, de séparations, des adieux lorsqu'on prend le dernier train. Quelle profondeur ! Les gares deviennent un chemin d'accès au bonheur. À tout âge, en tout lieu, l'amour au rendez-vous.

Chemin de l'amour
Le fleuve coule, et avec lui le temps,
Les oiseaux s'envolent,
Une lumière dorée nous enferme dans un cercle magique,
Notre amour en musique.

Je sors chaque jour un peu. Il me faut marcher régulièrement, ordre du médecin ! Pas après pas, je redécouvre avec bonheur les rues familières de ma petite ville. J'observe tout, les variations de la nature, les uns, les autres, je perçois une appréhension intense dans les yeux de cet inconnu, qui vient en face de moi, mais ce n'est pas le moment de me laisser distraire, il est tard. Un bonjour rapide à ma petite coiffeuse à travers la vitrine du salon, un hochement de tête à un autre croisé à deux rues de chez moi, près de la gare. Une heure déjà que je trottine, sans but précis ; l'air frais se glisse doucement dans mes cheveux, je frissonne. Je baisse la tête et enfile rapidement mon béret noir.

Notre temps est désormais compté, il faut se résigner à rentrer pour ne pas risquer la contravention. La nuit approche. Mes mains sont gelées, ce fichu mois d'avril prolonge à plaisir les affres de l'hiver.

J'arrive enfin, un peu essoufflée, et déjà ma maison me réchauffe. Un thé et quelques gâteaux, c'est mon plus grand défaut ; je contemple mon dernier tableau. Pour une fois, le titre s'est imposé très vite : *Sentiers d'encens*. Une entreprise qui a duré toute la soirée, jusqu'au petit matin, sans compter les trois jours qui ont suivi pour fignoler les détails, *Ils* en voulaient encore plus. Le dos broyé, les épaules douloureuses, les mains endolories, il m'a fallu du temps pour me remettre.

La toile est grande. Un tableau presque entièrement réalisé au couteau. La peinture est épaisse, mes gouaches sont au bout du rouleau... On distingue un paysage où le blanc et le bleu rivalisent de mille nuances. Des petits sentiers brunâtres se dessinent en transparence sous la neige immaculée. Je me délecte à suivre les lignes, courbes et obliques. En regardant de plus près encore, je repère des yeux, en haut à droite, un regard apaisant qui considère une masse bleue étonnante en plein cœur de la toile. En haut, tout en longueur, dans le ciel, d'autres yeux, d'un bleu profond, plus imposants. Ce sont des gardiens, *Ils* veilleront sans aucun doute sur celui qui en fera l'acquisition, comme une protection.

La sonnerie du téléphone vient interrompre cette délicieuse sérénité. C'est mon amie Sylvie. Elle est médecin à Paris, spécialiste en pneumologie. Le Covid a pris tout son temps, elle est submergée, les patients affluent à un rythme effréné. Fatiguée, lasse, depuis plus d'un an, elle assiste impuissante à des morts prématurées. Nous sommes heureuses de nous retrouver, cela fait si longtemps. Elle n'a plus un instant à elle, aujourd'hui, elle s'est autorisé une petite pause de vingt minutes pour échanger avec moi. Elle me donne des nouvelles des uns et des autres. Naturellement, nous avons opté pour un ton résolument anti-Covid, pas envie de parler de ce virus, nous avons ri et souri, en nous racontant quelques blagues. D'un seul coup, elle se remémore un souvenir douloureux :

– Monique, tu sais que ça fait un an, presque jour pour jour, que tu as sauvé mon mari...

– Un an déjà ! Je m'en souviens bien.

Comment oublier ce jour où Sylvie m'a appelée en catastrophe ? L'an dernier, son mari avait été admis en urgence dans un grand hôpital parisien. Au moment où elle m'a appelée, elle venait d'avoir le médecin qui suivait Alain. Il l'a contactée pour l'informer de la dégradation de l'état général de son époux. Il était au plus mal, elle devait venir dans l'heure pour décider ou non de le mettre dans le coma.

Je me rappelle encore ses prières :

– S'il te plaît, Monique, s'il te plaît, prie pour mon mari et moi. Prie, prie fort et appelle ma petite Julie ! Dis-lui que je ne veux pas qu'on m'enlève Alain !!!

Il faut vous dire que mon amie Sylvie est un peu *branchée esprits*, elle croit dur comme fer à une vie après la mort, et surtout à la communication avec les défunts. Elle-même a déjà communiqué avec sa petite Julie, la fille qu'elle a perdue alors qu'elle avait tout juste vingt ans. Elle n'en parle pas beaucoup, c'est un sujet que nous abordons rarement. Lorsqu'elle m'a suppliée d'appeler, de Là-haut, sa fille Julie pour qu'elle protège son père, je n'ai pas hésité un instant. Dans mon ordinateur, je me mets immédiatement en quête de la photo de Julie. *On* me guide. Il n'y a pas une seconde à perdre. Je la trouve très vite. Merci, Là-haut. Elle porte une adorable robe blanche, qui va à ravir à cette superbe brune, si douce et si gentille. Je fais mes prières habituelles, j'implore Julie de s'occuper de son papa, de l'aider, et surtout de le sauver. Une heure à parler à Julie, sans quitter des yeux la photo.

Lorsque Sylvie a raccroché avec moi, elle se rendait à l'hôpital, et, pour aller plus vite, il a pris le périphérique. Son esprit est tourmenté, elle doit prendre la bonne décision, ne pas se tromper. Accepter de plonger son mari dans le coma, c'est aussi prendre le risque qu'il ne se réveille plus. Elle ne le sait que trop, elle travaille dans l'hôpital où son mari a été admis, et dans le service où il se trouve. Le premier confinement a paralysé la France, et Paris ne fait pas exception. Le périphérique est quasiment vide. Le temps est maussade, la grisaille parisienne est à son comble. Sylvie file à vive allure. Sur la route, elle m'appelle :

– Je vais bientôt arriver à l'hôpital, dis-moi quelque chose, Monique, dis-moi, parle-moi !

Bizarrement, sans s'en rendre compte, elle a laissé son téléphone ouvert. Arrivée à l'hôpital, branle-bas de combat, discussions avec le staff médical au grand complet. Elle est sûre d'elle : *son mari est protégé par sa fille, son ange gardien, celle qui allait veiller sur Alain. Il n'allait pas mourir.* Elle refuse le coma artificiel et prescrit un nouveau traitement dont elle espère qu'il sera la bonne décision.

Vers 22 heures, j'appelle Sylvie. Il est tard, je suis même stupéfaite de l'entendre décrocher. Après la journée qu'elle a passée, elle aurait dû s'écrouler... Mon appel fait suite à une vidéo qu'elle m'a envoyée dans la journée, avec ce message :

– Monique, s'il te plaît, écoute, écoute, écoute bien la bande-son de cette vidéo !!!

Je la mets en route, je regarde partout, je ne vois rien, absolument rien, si ce n'est un périphérique vide, à peine quelques voitures. Je me rends compte que Sylvie conduit vite, très vite. Soudain, sans prévenir, j'entends une voix, comme venue du ciel : « *Maman...* », une voix jeune, feutrée mais clairement perceptible. J'écoute une fois, deux fois, plusieurs fois en me demandant si je rêve. Sylvie, dans son message, avait dit :

– Monique, dis-moi que je ne deviens pas folle, j'ai entendu une VOIX !... Monique, c'est Julie, j'en suis sûre et certaine. Je crois que je perds la raison, ça ne m'est jamais arrivé !!!

J'avoue que, pour moi aussi, c'est la première fois de ma vie que je suis confrontée à une histoire pareille. La voix d'un défunt perceptible par tous. Cela vous cloue au sol, vous pensez que vous rêvez, vous écoutez et réécoutez pour en être sûre ! Vous faites écouter à d'autres, qui entendent la même chose que vous ! Affirmer que c'était la voix de Julie, je ne puis, mais ce que je peux certifier, c'est que c'était la voix d'une personne très, très jeune.

Pour couronner le tout, dans la même soirée, aux alentours de vingt-trois heures, j'ai eu une inscription sur un de mes tableaux, ce qui, pour le coup, est très fréquent : « Alain sortira de l'hôpital mardi vers midi. » Je crois me souvenir que nous étions jeudi soir. Il fallait donc attendre quelques petits jours pour voir le bout du tunnel. Par mon intermédiaire, la petite Julie est certainement venue rôder autour de son père. Elle lui a insufflé la force nécessaire pour qu'il s'en sorte. *Et Alain est bien sorti le mardi à midi.*

En ce mois d'avril 2021, Sylvie me disait qu'elle était prête à faire écouter cette vidéo qui ne contient que le bruit de la voiture et la voix de Julie qui crie « *Maman* ». Cette voix est venue de si loin, de si haut. Merci, merci Julie, tu as sauvé ton père.

Une histoire unique, troublante, si belle et émouvante. Quel bonheur, pour ce médecin cartésien, de vivre ! Merveilleux témoignage. Un an après, Alain se porte comme un charme. Il ne parle pas de miracle, il est trop pudique, mais maintenant il sait. Il est convaincu que *ça* existe. Sa propre fille lui a donné la preuve qu'il lui fallait. Une preuve inestimable.

Je le sens dans ma poche qui vibre à tout rompre, mon fichu téléphone. Il m'agace. Mais pourquoi être sortie avec, je me le demande. On insiste. Je n'aime pas ça... Ils vont devoir attendre, je suis sur le marché paysan de ma commune. Mes mains sont déjà bien occupées : d'un côté le panier rempli de fruits et légumes, et de l'autre mon sac fourre-tout, aussi chargé que mon panier. J'aime me balader sur le marché, je connais bien les commerçants. Mais, depuis un an, les rituels ont changé : on se salue, vite, on se croise sans plus se reconnaître, le visage masqué par la peur, on s'évite autant que possible, on se raconte un peu le temps, la famille, et surtout le Covid, de long en large, en travers. Impossible de faire sans lui, il faut toujours qu'il s'invite dans la conversation.

Invité imposé, invité déplaisant, invité mortel...

Malgré un mois d'avril lugubre et confiné, je prends le temps d'arpenter les allées devenues bien vides, d'étal en étal. J'ai mes habitudes, comme tout le monde. Un marché à ciel ouvert, ça ne se refuse pas, à une époque obscure où chacun de nous est contraint de se calfeutrer chez lui, portes et fenêtres fermées.

Un chemin de retour désabusé, je suis alourdie par mes courses et mes pensées. Chez moi, enfin, un rapide coup d'œil à mon téléphone. Pas le temps de lire les messages, il se met à sonner, je ne reconnais pas le numéro.

– Monique, bonjour, j'aurais aimé t'appeler dans d'autres circonstances..., mais cette nuit, à deux heures du matin, papa est parti, emporté par le Covid en deux jours...

Une semaine auparavant, j'avais échangé au téléphone avec mon ami François qui nous avait prévu un petit couscous. Médusée, atterrée... À ma grande surprise, je ne l'avais pas vu venir. Mon ami est mort dans l'hôpital qu'il a arpenté pendant quarante-cinq ans, là où il était reconnu, respecté et aimé, lui le grand patron du scan, à détecter tous les cancers et autres tumeurs de la Terre.

Une immense tristesse, un ami de trente ans, emporté trop tôt par le virus impitoyable. Et on se dit ce que l'on se dit à chaque fois : pourquoi, pourquoi lui, pourquoi si jeune ? Le destin est aux manettes, c'est lui qui règle la tragédie et fixe le lieu, le jour et l'heure. Qui que vous soyez, où que vous soyez, rien ne peut infléchir sa décision, elle est sans appel. À croire qu'il le fait exprès, il surprend à tous les coups, en frappant à notre porte lorsqu'on s'y attend le moins. Pour nous rappeler sa loi inéluctable, notre condition éphémère, le prix de la vie...

Mon François est parti dans la nuit... Tes yeux viennent juste de se fermer, tu commences à peine à monter. Prends ton temps et fais-moi signe quand tu le pourras.

D'un seul coup, j'oublie tout, les courses jonchées sur la table, mon téléphone qui s'affole, mon manteau encore sur le dos. Les souvenirs me submergent, et, toute la journée, je remonte le temps. François était un frère, un ami d'une extrême gentillesse. On a partagé tant de choses : des voyages, des vacances, des discussions quelquefois orageuses, il faut dire que nous étions rarement d'accord, mais quel bonheur de jouter avec lui ; une belle énergie entre nous deux !

Par chance, je l'ai vu avant qu'il ne nous quitte, il y a quelques mois. On a passé la journée ensemble, et, comme d'habitude, nos débats sont allés bon train. Et me voilà, aujourd'hui, replongée, bien malgré moi, dans ma vie d'avant, il y a quarante-cinq ans lorsque j'ai fait la connaissance de François et qu'il refusait de croire en mes dons.

En plus de ses fonctions, il exerçait également la médecine légale. On en a plaisanté plus d'une fois. Un jour, je me le rappelle parfaitement, il m'a demandé :

– Si tu es d'accord, et si tu meurs avant moi, j'aimerais que tu me donnes ton autorisation écrite pour aller explorer ton cerveau. Je suis convaincu que tu as quelque chose que les autres n'ont pas.

Évidemment que j'étais prête à le laisser faire, tant qu'il essaie de donner du sens à mes dons, même après mon mort... Et pourtant, il a des preuves bien tangibles du pouvoir de ces dons avec lesquels il avait maille à partir ! Une fois, alors que nous passions des vacances en Corse, il m'a demandé de le soulager de terribles maux de tête qui le torturaient depuis deux jours.

— Ma fée, s'il te plaît, serais-tu capable de me débarrasser de ces fichus maux de tête, je n'en peux plus !!!

« La fée »..., c'est lui qui m'a donné ce petit surnom. Évidemment, je me suis prêtée au jeu puisque, pour lui, c'était un jeu. Je sentais bien qu'il y croyait à moitié, voire pas du tout. Au bout de dix minutes, il se sent bizarre, la tête engourdie, après vingt minutes, sa migraine est passée. Par provocation, il met cela sur le compte du hasard, mais, soulagé et heureux, il me remercie au passage !

— Merci, merci Mimi, dit-il en m'embrassant.

Évidemment, durant le reste du séjour, il s'est bien gardé de faire la moindre allusion à ce petit miracle. Mais, Là-haut, on lui en a mis une deuxième couche... Avant de repartir, comme chaque fois, François range entièrement son bateau, de fond en comble. Dans l'excitation, il se cogne violemment la jambe sur un plot. Tout médecin qu'il est, il décide, contre toute attente, de ne pas soigner sa blessure, ni même de prendre un calmant malgré l'intensité de la douleur. Non, il préfère m'appeler à la rescousse, tout de suite :

— Mimi, viens vite, vite, j'ai très mal à la jambe, c'est insupportable ! Vite, fais quelque chose, s'il te plaît !

Instinctivement, je commence une séance de magnétisme avec quelques petits « abracadabra » dont j'ai le secret. Et voilà, le tour est joué ! Je peux vous dire que sa jambe n'a même pas eu le temps de déclencher le moindre hématome. Et pourtant, le coup reçu avait été d'une extrême violence.

– Je dois bien l'avouer, Mimi, tu as quand même quelque chose en plus !!!

Et c'est précisément depuis ce jour-là qu'il croit en mes dons de guérison, de vision et de prédiction, après dix ans d'obstination. Par la suite, il a pris l'habitude de m'envoyer quelques patients compliqués, et même de me demander des conseils pour lui. Je nous revois en voyage dans les îles, avec une foule en liesse autour de nous, du monde, beaucoup de monde. La fête bat son plein. Nous sommes embarqués malgré nous. Soudain, un homme fait un malaise.

Tu es présent avec des amis médecins, mais c'est moi que vous réclamez pour le secourir, moi, la petite guérisseuse... Ce témoignage de confiance est à jamais gravé dans ma mémoire.

Je me souviens qu'il me disait souvent :

– Le monde attend de toi une baguette magique, puisque tu es comme une fée. Surtout, Mimi, ne cautionne jamais l'espoir ou le désespoir des uns et des autres...

C'est toi qui m'as surnommée « la fée », mais en ce funeste jeudi, je suis dépourvue de tout pouvoir magique, dépossédée de ma baguette, mais infiniment triste d'avoir perdu un ami très cher.

François va monter doucement Là-haut, et j'espère qu'à son tour il viendra me donner des conseils, m'apporter son aide, me faire des petits coucous. Nos vies ont été très liées, la mort, je l'espère, ne nous perdra pas de vue. Je sais qu'il viendra à moi, qu'il m'appellera et m'attendra lorsque mon heure sera venue.

François, aujourd'hui, c'est pour toi que j'écris ces quelques pages, tu avais tant aimé mon premier livre, mais le deuxième, tu le liras de Là-haut, dans la lumière éternelle ! Tu vas retrouver les tiens et aussi nos amis en commun qui, malheureusement, comme toi, sont partis trop tôt. Encore une chaise vide à la table de mes amis.

Bon voyage, mon François…

La vie est une succession d'épreuves,
On surmonte,
On remonte,
On retombe,
Et ainsi de suite.
Et la vie passe à une vitesse supersonique !

Mai 2021

Ce mois de mai s'étend à l'infini, interminable, triste, sans lumière. Il pleut, il grêle, même le vent balaie tous nos espoirs. Un temps à cafard, un temps qui n'avance pas, tout comme moi, bloquée depuis plusieurs semaines par un lumbago monstrueux, de ceux qui vous empêchent de marcher, qui vous font hurler de douleur, et pleurer de souffrance, à chaque petit pas, au moindre mouvement. J'ai le corps en guenilles !!!

Qu'ai-je donc fait pour me retrouver à nouveau paralysée comme à mes quinze ans, immobilisée sur mon lit de torture à Palavas-les-Flots ? Et pourtant, je me sentais si bien, tellement détendue, une forme olympique... Une semaine idyllique dans le Midi, du soleil plein la peau et les os, détente au quotidien. Et me voilà au fond du trou, prise au piège, sans crier gare... Alors ça gamberge dans ma tête. On dirait bien que même les fées peuvent tomber dans le panneau...

Pas le moindre espoir de mobilité, le plus minime soit-il. Je suis coupée en deux, incapable de commander mes jambes. Le canapé, qui m'accueille d'habitude avec douceur et légèreté, provoque la colère de mon lumbago dont on sait qu'il ne se soumet qu'à la dureté et à la raideur.

La maison que j'aime tellement s'est subitement transformée, elle semble presque hostile : ma chambre à l'étage est devenue forteresse imprenable, la douche un guet-apens, l'escalier un supplice à chaque marche…

Je m'empêche de bouger ou de tousser, je sais combien la douleur exulte dans le geste et le mouvement. Ne plus se mouvoir, réduire l'intensité de sa respiration, ne plus parler ; la mort m'habite à demi.

Les massages aux huiles essentielles sont infaisables, mon dos refuse de se tourner. Rien pour dompter la douleur et les courbatures qui gagnent du terrain. Le temps passe silencieusement et me pèse. Je vis au rythme des allées et venues d'amies qui viennent m'extraire de mon canapé. Je suis devenue dépendante de ce lumbago qui a pris le contrôle de ma vie. Oui, oui, cela arrive subitement, sans avertissement. Pour moi, c'est un baptême du feu, un baptême infernal… Mon âge, certainement à cause de lui, c'est sûr… La vieillerie, tout simplement. Si seulement cela avait pu être l'explication. Eh bien non, le lumbago saisit tout le monde, à tout âge, à tout moment, sans invitation. Pas de jaloux…

Pourquoi ? Comment ? Et pourquoi précisément ce matin ? Mon esprit remonte le fil d'Ariane. Tellement de souvenirs, tellement de soins prodigués.

On ne m'a jamais donné d'âge, et j'ai naturellement cru ne pas avoir d'âge. Aujourd'hui, je viens de comprendre pourquoi j'aime tout expliquer et tout analyser. Mais, encore une fois, j'ai dégusté, avec ce lumbago hors norme…

Remontez le temps avec moi, loin, loin, plus loin encore, à l'époque de ma plus tendre enfance. Des larmes me montent déjà, sans honte, ni fausse pudeur. Le fait de ne pas être vraiment aimée de ses propres parents, de ne pas être cajolée, de ne pas être prise dans les bras, de ne pas entendre ces *je t'aime* tellement espérés, comme si on vous déniait toute existence. Ajouté à cela, une pré-mort à Palavas-les-Flots, un corps enfermé dans son propre corps. Et, comme aujourd'hui, ne pas bouger, ne pas se lever, pendant deux ans, ne pas exister. Les heures, les jours s'égrainaient tellement, tellement lentement. Combien de temps pour dormir, combien de temps pour regarder la mer, combien de temps à prier et à espérer que Dieu nous envoie la guérison rapide et nous libère de cette prison ? Et les siestes ? Pas le droit de parler, pas le droit de lire, juste le droit de baisser les paupières, de fermer les yeux, comme une morte…

Sans âge, non par coquetterie, le temps passe inexorablement, ce serait illusoire. Un mois de mai 2021 ô combien édifiant pour moi. Mois de mai, où l'on vaccine à tout va pour nous protéger de ce fameux Covid, où l'on nous inonde chaque jour de comptes rendus pesants, le bilan de ses vertigineuses conquêtes et de ses défaites insignifiantes.

Une vie hors la vie, depuis un an et demi.

Moi, j'ai commencé ma vie à vingt ans. Sans enfance, sans adolescence. Un souvenir heureux de cette période manquante ? Je cherche et recherche dans les fonds et tréfonds de ma mémoire... Cela me prend peu de temps et peu de mots : RIEN, à l'exception peut-être de ma communion solennelle. La seule et unique fois où j'ai porté une robe blanche. Rappelez-vous de mon mariage : le vide, le néant, l'absence, les frimas de l'hiver en guise de décor. Ma mère avait refusé de faire le déplacement.

Aujourd'hui, c'est l'heure des bilans, bilan d'une vie, bilan d'une enfance et d'une jeunesse perdues. Je comprends tout, enfin. Je n'ai jamais voulu des chiffres du calendrier, car j'ai véritablement ouvert les yeux à vingt ans... C'est mon constat d'échec, assumé pleinement. Étrangement, je suis heureuse, car j'ai compris que mon être tout entier, mon système de pensée, cette vie menée intensément trouvaient leurs fondements dans ce refus d'avoir vécu avant...

Mon parcours monte et remonte à la surface malgré moi. Si je parviens tant bien que mal à maîtriser le corps, l'esprit, quant à lui, fait ce qu'il veut, il est plein de mes souvenirs, de ces vérités apprises au fil des rencontres.

Et, aujourd'hui, rien pour me soulager, moi qui ai réduit à néant un nombre incalculable de sciatiques, de lombalgies, de tours de reins. Des visites toujours en extrême urgence. Impossible de résister longtemps à la chaleur des mains et au magnétisme de la rebouteuse. Une maîtrise absolue : quelle satisfaction de voir toutes ces personnes abattues et claudicantes repartir avec le sourire du soulagement, de la libération ! Des tonnes de *Merci, Madame !* résonnent aujourd'hui à mes oreilles, depuis un mois que je suis immobilisée.

Que de massages réalisés, week-ends et jours fériés ! C'est dimanche, on oublie tout et on s'expose, sans anticiper, aux coupures, foulures, bras tordus, petites chutes de vélos pour les enfants, et voilà maman qui s'affole, sans oublier tous ces amateurs de foot qui se prenaient déjà pour des héros, au moindre lancer de ballon maladroit, hop, un petit détour chez Monique, avant de rentrer au bercail, sportifs de circonstance qui se faisaient mal à tous les coups, eux qui étaient si peu préparés à l'effort irrégulier, et hop, *Allô, Monique, bobo !!!*

Tellement loin, à trente, quarante ou cinquante ans, de réfléchir à l'instant présent, on masse, on reboute, on écoute, on console, on scrute, on scanne, on magnétise. Toujours prête, urgentiste de tous les mauvais coups du sort, on a vite compris que j'étais disponible jour et nuit. Tout cela a vraiment existé, dans la joie et la bonne humeur, sans trop se poser de questions. *Toc, toc... allô, allô...*, le plus naturellement du monde.

Ah tiens, un souvenir qui me revient à l'instant à la mémoire : c'est un mois de mai, comme aujourd'hui, il y a trente ans maintenant. C'est donc par le plus grand des hasards que l'on sonne à ma porte assez tôt. Rétrospectivement, je dois avouer que j'ai été immédiatement saisie par le jeune homme qui se plante devant moi. Très élégant, style gentleman-farmer, il s'est excusé mille fois avant de me donner enfin la raison de sa visite. Il explique qu'il était en train de participer à un tournoi de tennis :

– Vous comprenez, Madame, c'est le 1er mai, un jour férié, toutes les pharmacies du coin sont fermées, pas de médecin à l'horizon ! Et comme j'ai entendu parler de vous il y a très peu de temps... Je ne sais si vous pouvez m'aider et jeter un coup d'œil sur mon bras. J'ai dû forcer un peu trop, le muscle est enflé, et mon bras me lance énormément. Je dois retourner sur le terrain cet après-midi et continuer le tournoi...

Plutôt beau garçon notre visiteur du dimanche, à vue d'œil dans les vingt-cinq ou vingt-six ans, aussi sympathique que bienveillant, un peu angélique même. On l'aurait cru tout droit sorti d'une autre époque. J'examine le bras, je le scrute. Première étape : diminuer la douleur, mes mains le magnétisent quelques instants. Deuxième étape : soulager et détendre, je lui concocte une petite potion faite d'huiles précieuses, pas très en vogue à cette époque. Je le masse doucement, environ une vingtaine de minutes, avec à la clé quelques petits tours de passe-passe magiques. Il est assez bavard, notre invité. J'apprends incidemment qu'il est châtelain. Un aristocrate, très sympathique, d'une politesse et d'un respect extrêmes, d'un autre monde...

Au fil de la conversation, ce jeune homme, d'une foi et d'une piété extrêmes, évoque sa formation d'ingénieur et son récent voyage de six mois à travers les États-Unis. Au moment de nous quitter, des courbettes et des révérences, en veux-tu en voilà ! Il s'inquiète de savoir si je suis chez moi demain, il tient à me remercier de mes précieux services par un bouquet de muguet de ses bois. *Avec grand plaisir !* En le raccompagnant à sa 2 CV, j'avise sur le siège arrière un fusil de chasse et une cartouchière, qui me font quelque peu frémir, même si j'ai grandi avec ces armes, mon père ayant une passion pour la chasse.

Mais notre châtelain est aussi un homme de parole, et j'ai pu effectivement le vérifier dès le lendemain où je le vis réapparaître, un peu avant midi, avec un énorme bouquet de muguet, un muguet magnifique, fraîchement coupé de ses bois... Un parfum intense qui se répand dans ma maison.

Pantalon de velours marron et chemise beige, des Clarks aux pieds, très à la mode à ce moment-là. Bon style bon genre. Je remercie notre homme toujours aussi bavard et passionné par ce que je fais. J'avoue que, ce jour-là, je n'ai pas trop le temps de parler, mais impossible de l'arrêter. Ma fille, qui devait venir déjeuner à midi, arrive entre-temps. Rien ne le stoppe, l'aristo, il continue sa conversation avec moi tout en jetant un coup d'œil discret sur celle qui vient de faire son entrée. Ma fille est montée dans sa chambre, mais, au moment de partir, elle en sort pour le saluer. Ils échangent quelques banalités. Inutile d'être médium pour deviner qu'elle est aussi quelque peu intriguée par ce garçon dont la voix s'affirme et monte *piano*, *forte*, *fortissimo*... Il lui parle équitation et, d'un seul coup, lui propose de faire une promenade avec lui à cheval, dimanche prochain si elle est libre. Allez savoir pourquoi ma Fabienne, qui n'est pas une excellente cavalière, accepte l'invitation. Je me demande encore aujourd'hui pourquoi, même si j'ai bien une petite idée...

Et c'est ainsi que l'histoire a débuté entre ces deux tourtereaux.

J'ai voulu en savoir plus sur ce jeune homme débarqué par hasard, ou pas..., chez moi, un 1er mai. Je l'ai donc invité à dîner deux ou trois mois plus tard. Il est arrivé sourire aux lèvres, ravi de retrouver sa dulcinée, mais curieux et inquiet à l'idée de revoir cette drôle de femme qui l'avait débarrassé, comme par magie, de sa douleur au bras. Il évoque à nouveau son semestre aux USA et avoue facilement et sans gêne avoir été contraint, par ses parents, de quitter la France. C'était le tarif pour oublier une jeune roturière, Jeanne, qui n'était pas de leur monde.

– Mais, enfin, elle n'est pas pour nous...

Il est donc envoyé en pénitence aux USA : sac au dos dans la plaine, à l'aventure, ignorant même où aller en sortant de l'avion. Il voyage à travers tout le pays, le Massachusetts, la Floride, la Californie, le Texas... Une flopée de petits boulots, des rencontres incroyables, des logis improvisés sous les ponts, dévoré par les moustiques, une caserne de la Navy sur invitation d'un militaire rencontré en stop... Aucun planning, des centaines de kilomètres à pied, mais une seule consigne : oublier la pauvre Jeanne !

Ce soir-là, chez moi, il était arrivé flanqué de ses deux chiens de chasse – Roxane et Urka – qu'il avait poliment laissés dehors. Ils sont postés en sentinelles derrière ma grande baie vitrée, un de chaque côté, un peu excités par cette maison totalement inconnue. Mon futur gendre me pose mille questions au sujet de son bras : et comment ? Et pourquoi ?...

Au cours du repas, qui fut fort agréable, je lui avoue que je suis médium. Il est très intéressé et aurait aimé avoir, un jour, l'occasion de voir comment cela se passait. Un jour ? Et pourquoi pas ce soir ? C'est Là-haut qui décide. Comme toujours. Et ce sera ce soir.

Soudain, trois noms, ceux d'ancêtres du jeune aristocrate, qui arrivent l'un après l'autre. Les deux chiens, étrangement calmes, annoncent soudainement l'arrivée de chaque défunt par un timide aboiement, complètement étouffé, presque une marque de respect. Les animaux sentent la présence des esprits de façon intuitive. Ses chiens n'ont pas bougé, ils sont restés assis ; ce qui était loin d'être leur habitude.

Mon petit châtelain nous quitte, ravi de sa soirée et, en même temps, un peu chamboulé. Il en a appris un peu plus sur moi, et moi sur lui, et en prime, il est entré en contact avec trois de ses ancêtres. Que demander de plus ?

Vous n'ignorez pas que, chez les aristocrates pieux et sérieux comme des papes, on prend son temps. Le temps de se découvrir, le temps de se connaître, le temps de s'apprécier. Ces deux jeunes gens étaient bel et bien amoureux, et ce temps leur en a donné la pure et simple confirmation. Mais des nuages se formaient déjà à l'horizon : ses parents, qu'il vouvoyait depuis son plus jeune âge, ne le voyaient pas du tout du même œil, bien au contraire. Nous n'étions pas *du même monde*. Je me souviens qu'il est arrivé au père de me rendre visite, histoire de se faire une idée sur mon genre, le genre de la famille de la fiancée...

Il a fallu pas moins de deux ans pour apprivoiser les parents et pour leur faire accepter ma fille unique... Ce n'est pas très facile, les *Aristochats*. Malgré tout, reste dans la mémoire de tous un mariage sublime dans leur magnifique château du XVᵉ siècle. Une bâtisse entrée dans la famille au XVIIIᵉ siècle. Un château à douves, à l'ancienne. Comme quoi, les rois peuvent encore épouser les bergères ! Par la suite, ils ont eu deux merveilleux enfants. Le 1ᵉʳ mai et son muguet porte-bonheur ne sont vraiment pas une légende, comme les rebouteuses...

Une petite parenthèse heureuse, et la vie passe. Leurs deux enfants sont mariés, je suis arrière-grand-mère. Ce sont des petits secrets de ma vie que je partage avec vous aujourd'hui. Une rencontre grâce à mon don, qui a permis que des chemins se croisent et que des destins se forment. Trois enfants, et bientôt six petits-enfants, quatre arrière-petits-enfants, j'ai encore de quoi magnétiser, les faire profiter de mes petites potions magiques. Et, qui sait, pourquoi pas transmettre mon don précieux à celle ou celui qui acceptera ?... Dans le respect dû à toute vraie vocation.

Cette vie est passée si vite que je n'ai pas pris le temps de m'occuper de moi... Je ne pensais ni à la vieillesse ni à la douleur, et aujourd'hui, coincée dans le fond de mon canapé, c'est à mon tour : à mon tour de souffrir, à mon tour de recevoir des soins. C'est à mon tour d'être vieille et de pleurer. C'est moi aujourd'hui qu'on aide à marcher, à me coucher, à me lever, à m'habiller... Même si j'espère me remettre rapidement, le constat présent est sans appel : la vieillesse est arrivée, elle a violemment toqué à la porte, qu'elle a ouverte sans vergogne.

Je me remémore des rencontres anciennes, ils avaient soixante-dix, soixante-quinze ou quatre-vingts ans. Je les ai réconfortés et soulagés dans leur fin de vie, et, aujourd'hui, ils ne sont plus de ce monde depuis longtemps. LA VIE EST UN COURANT D'AIR, rien de plus qu'un simple courant d'air. Mon âge a toujours été hors sujet, j'étais bien et cela suffisait à remplir ma vie. Il aura fallu ce fichu lumbago pour me recadrer d'un seul coup et me faire prendre conscience de l'âge passé, dépassé... Au fait, Là-haut, c'est quand mon tour ???

J'ai couru toute ma vie, à un rythme effréné, un monde entier à explorer, une multitude de cultures à découvrir.

J'ai partagé, j'ai aimé, j'ai pleuré. Une vie consacrée à son prochain où l'on ne voit pas sa vie s'écouler. Aujourd'hui, comme vous, je me questionne. Combien de temps encore à profiter de cette vie ? Que dois-je faire de ce temps si précieux qu'il me reste ? Continuer à aider ou, enfin, me reposer, ce qui est pour moi tout bonnement inconcevable.

Je vais lire et relire. Écrire et transmettre. Il est temps. Dès que je pourrai me mouvoir, je prendrai ma vie en rose. De votre côté, prenez du bon temps, à la moindre occasion, appréciez le moment présent, sans compter. Le plus important, dans cette vie à la fois si belle et si cruelle par instants, c'est la famille. Ne la laissez jamais tomber. Lorsqu'*Ils* auront décidé, Là-haut, de vous rappeler à eux, tel jour, à telle heure, n'ayez aucun regret. Et ce sera mon cas quand l'heure aura sonné. Même si j'ai été parfois exténuée par des combats, par des colères, par des déconvenues, rappelons-nous que nous ne sommes que de passage sur cette Terre.

Le temps s'écoule, il nous étreint et nous éreinte à chaque seconde.

Mes anges sont près de moi, *Ils* me parlent, j'entends leurs voix. *Ils* tapent régulièrement contre mes murs.

Et la vie continue...

Juin 2021

Déjà en juin… Mon lumbago joue les prolongations, un mois déjà, et je n'ai pas retrouvé toute ma mobilité. Pas sortie, si ce n'est en ambulance pour des radios, des scanners, des prises de sang… Je rêve d'ailleurs, de couleurs, de rires, d'odeurs exotiques… Fuir un quotidien pesant et déprimant. Même si mon état est sorti du rouge, je suis clouée au lit. Pas de mouvement inconsidéré, pas de sortie seule, plus de liberté de circulation… Je pleure au souvenir lointain de mes escapades, une destination, souvent la même, au dernier moment. Furieuse envie de déconnecter, de tout plaquer. De se ressourcer. Et c'est l'Afrique qui a toujours eu ma préférence.

Je suis, depuis toujours, reliée à ce continent. Longtemps, j'en ai ignoré la raison. L'Afrique m'attire, me ressource chaque fois que je suis à bout de forces, elle m'envoûte et me met en ébullition. C'est comme si je lui appartenais. C'est peut-être le berceau de ma vie, de mes vies. Qui sait ?

J'ai déjà eu l'occasion de vous confier ma rencontre incroyable avec un sorcier hors du temps, dans une île au large de Dakar. Sans un mot, sans me connaître, il a capté mon énergie et mes dons. Il m'a reconnue comme l'une des leurs, et m'a lancé ces quelques mots en guise de reconnaissance : « Tu es la vie, mais aussi la mort ; tu as des mains de guérisseuse, tu peux aider et tu aideras beaucoup de monde. Tu parles avec les morts. Ta puissance vient de tes mains et de tes yeux. »

L'Afrique me parle et s'exprime à travers mes peintures, tout en dégradés de jaune, d'orange et de rouge. J'aime ses odeurs puissantes, sa poussière obsédante, ses frénésies, ses excès, sa vieillesse avisée. Comme moi, l'Afrique n'a pas d'âge. Elle est mère et enfant. Continent ancien, terre souffrante et blessée, elle demeure terre d'asile pour les égarés, promesse pour les audacieux, et présage d'un renouveau.

L'Afrique m'est si familière que j'ai parfois le sentiment d'y avoir vécu ou d'y être née. Cela va même au-delà de l'intuitif. Mon expérience sur l'île de Gorée en est la preuve. Impossible pour moi d'être au Sénégal sans aller me recueillir sur cette île. Elle m'appelle, je le sens dans mon âme.

Je débarque à Gorée le matin, après une traversée d'une vingtaine de minutes en chaloupe, au départ de l'embarcadère du port de Dakar. Il fait très chaud. L'atmosphère est moite et pesante. C'est déjà la foule.

Je le regrette. Partir tôt le matin me paraissait une bonne idée pour éviter l'agitation et visiter l'île à son rythme, avec respect et émotion. Sentir, ressentir, prier. En moi, une appréhension indescriptible qui me trouble depuis la veille.

Je décide de rester à distance des groupes de touristes. Rien de grave, je prends le temps. L'essentiel, c'est d'être là.

La visite des musées est prévue après celle du mémorial et de la Maison des esclaves. Comme un répit après ce qui promet d'être émotionnellement très éprouvant.

Je déambule sur l'île, aux côtés d'une amie venue avec moi au Sénégal, cette année-là. L'impression bizarre de lieux familiers. Je les devine avant même de les voir. Mon amie s'en étonne également :

– Mais, Monique, tu étais déjà venue ici avant ?

– Non, je t'assure, c'est ma première fois sur l'île de Gorée.

– Tu t'es documentée, ce n'est pas possible autrement !

– Mais non, je te dis, je connais cette île. C'est comme si j'y avais vécu. À droite, tu verras, on va bientôt tomber sur le mémorial. Il s'élève vers le ciel, comme une prière à l'univers.

– Mais pourquoi as-tu des flashs, ici, aujourd'hui ? Est-ce qu'il y a encore quelqu'un qui te parle ?

À cet instant précis, mon corps m'abandonne, mon esprit me guide, je suis portée par la force des lieux, je suis et je ne suis pas. Je suis hagarde, perdue dans une histoire qui me rappelle à elle et à laquelle je semble appartenir.

– Boudiou, ma Monique, tu m'étonneras tout le temps ! me lance-t-elle de son bel accent toulousain.

Les nuées de guides que nous suivons de loin depuis le début de la visite ne me sont d'aucune utilité ; l'île de Gorée est mon île. Nous nous connaissons, rien ne me surprend.

C'est comme si j'y avais habité, dans une autre vie...

L'appréhension, présente en moi depuis la veille, devient plus forte à mesure que nous approchons de la Maison des esclaves. Je la sens à proximité. Elle va bientôt surgir. La couleur rouge de la bâtisse me saisit aux tripes. J'ai mal dans ma chair. Difficile d'avancer vers l'horreur. Ma gorge se noue, des frissons parcourent mon corps, j'entends la plainte sourde des premiers occupants. Mon amie me connaît, elle s'éloigne et me laisse le temps de *revenir*.

Je prends doucement le large escalier qui me conduit à ce lieu irréel, théâtre de l'inconcevable. *La porte du voyage sans retour* m'attire comme un aimant. Je suis paralysée. Les souffrances, les corps jetés à la mer, les cris me tourmentent. Les ombres sont là, elles murmurent à mon oreille le crime figé dans les murs de leur *maison*.

Plus un seul souvenir du voyage retour, mais un profond abattement, à jamais au fond de mon être.

Mes tableaux, anciens et actuels, racontent souvent l'Afrique, sans lien direct avec moi. Il aura fallu une hypnose régressive dirigée par un grand maître tibétain pour me connecter à cette terre lointaine.

L'une de mes vies antérieures m'a été révélée sur une toile, parmi les toutes premières : *Paysanne*. Au premier plan, de dos, une femme, avec de longs cheveux noirs qui lui couvrent le dos. Elle a un fichu sur la tête, qui se confond avec ses cheveux. Au centre, un arbre auquel est adossée une échelle. C'est peut-être l'arbre aux palabres des traditionnels villages africains. Un personnage imposant, sorte de géant entre ciel et terre, occupe la partie droite du tableau. Entre sorcier et druide, il porte en lui la connaissance. Des secrets qu'il tire peut-être de cet arbre. Scène initiatique pour la jeune paysanne, dont on peut imaginer que cet être étrange va lui transmettre son don. Les couleurs sont chaudes : jaune, marron, orange, rouge qui tranchent avec le gris bleu de l'arbre et du ciel. Deux univers, deux mondes. Cette jeune femme pourrait bien être moi, c'est ce que l'on m'a révélé lors d'une hypnose pour le moins foudroyante.

Toujours dans le questionnement, et en quête d'une explication à mes dons, je n'hésite pas une seule seconde lorsque le mage Dessuart me propose une régression. Comme pour Madame Soleil, j'ai connu ce mage extraordinaire par l'entremise d'une amie qui me conduit un jour à l'hôtel où officie ce célèbre mage parisien.

À cette époque, les médiums n'avaient pas l'exposition et l'aura qu'on leur connaît aujourd'hui. Ils intervenaient pour des petits groupes dans les hôtels ou des salons de voyance peu médiatisés, les gens les consultaient presque en catimini. Le mage Dessuart est le plus grand voyant que j'aie jamais rencontré. Il était troublant de justesse dans ses prédictions, il ne s'est jamais trompé.

À notre première rencontre, le mage est impressionné par mes dons, dont il ressent aussitôt l'immense potentiel. Il est touché par ma candeur et mon inexpérience, j'ai à peine vingt ans, et il évoque avec moi les sept vies antérieures dont chacun de nous est porteur. Il table sur l'expérience d'une hypnose régressive pour m'éclairer et me rassurer sur l'origine de ma médiumnité. Le hasard faisant toujours bien les choses, quatre grands maîtres tibétains se produisent à Paris à ce moment-là et proposent aux personnes intéressées de participer à ce genre d'expériences.

C'est à l'Espace bleu que j'ai rendez-vous avec mes vies passées. Je ne sais à quoi m'attendre, totalement ignorante de ces pratiques. Pendant deux jours, je vais plonger au cœur de mon inconscient dont le contenu me paraît si flou : sera-t-il disposé à me délivrer les secrets de la vie, de ma vie ?

La grande salle de réception, qui accueille un petit groupe de quatre audacieux, est vide, totalement dépourvue de mobilier si ce n'est, à chaque coin de la salle, un lit de camp, sur lequel est posé un petit matelas beige, avec un drap blanc sur le dessus. On pénètre, en silence, à pas feutrés dans ce bloc opératoire où se consument des bâtons d'encens par bouquets à plusieurs endroits de la pièce. Un moine tibétain est assigné à chaque personne. Le mien, à l'identique des trois autres, porte une robe couleur ocre, comme une bure de moine.

Il m'invite à m'allonger sur le petit lit et à me détendre. La sobriété des lieux et le parfum de l'encens sont propices au lâcher-prise. Le moine s'est agenouillé près de moi. À peine a-t-il posé ses mains sur votre corps, que vous partez, vous vous enfoncez progressivement. Votre corps devient lourd, si lourd en moins de cinq minutes. Vous n'êtes plus sur Terre, vous avez la sensation de monter, doucement, doucement, comme sur un nuage, envahi par un immense bien-être.

Alors, vous êtes bien, tellement bien.

Le moine tibétain parle d'une voix monocorde, il maîtrise, à la perfection, le rythme et l'intonation ; c'est essentiel en hypnose pour créer une intimité et un lien de confiance avec la personne. Ses mains, grandes et chaudes, sont posées sur mes chakras et sur mon ventre.

Il vous semble, à ce moment-là, que vous vous envolez, vous quittez ce monde matériel pour un monde de sensations. Le moine me demande de prêter attention à ses premières paroles :

– Monique, vous allez repartir, loin, très loin...

Sa voix profonde m'envoûte, je suis déjà ailleurs, un ailleurs que je ne connais pas. En voyage au plus profond de moi. Impossible d'ouvrir les yeux, mes paupières sont collées ! Un vertige vous saisit, vous vous abandonnez.

– Ceci est votre vie d'avant, avant de venir sur cette Terre. Regardez bien, écoutez bien la petite fille aux pieds nus, elle a de longs cheveux. Avec votre visage angélique, vous ressemblez à une jeune fille sage, empreinte de bonté.

Je me trouve dans un village africain où je suis la seule blanche. Je marche, dans les herbes encore assez hautes, les flaques d'eau, le sable, les pierres. Je suis seule et je me sens libre. Personne ne me juge, personne ne me voit. Je mène ma barque. J'ai, à la main droite, un instrument pour couper les herbes. C'est l'année 1710. Je me penche, je cherche des fleurs, des racines, des plantes. En les prenant dans les mains, je les hume, je les palpe. Je suis heureuse. J'aime partir à la découverte de la savane, fouler du pied les herbes sèches, entendre le frôlement des insectes. Je sens les ronces et les orties me piquer le bout des doigts. Les lianes m'entravent et frottent contre mes petites bottines de fortune, en peau. Je poursuis ma cueillette, sans cesser de marcher, toujours seule. Ma robe couleur ocre est pleine de poussière, elle est beaucoup trop grande pour moi. Elle cache mon corps menu.

– Vous êtes resplendissante, Monique, déjà envoûtante et pleine de sagesse.

Je suis seule sous une chaleur accablante. J'ai fini, mon panier fait de lianes séchées est déjà plein. Je repars par le même chemin en chantant, enchantée, car j'ai fait mille découvertes. Dans ma vieille case, je trie mes plantes, je les fais sécher dehors, sur une table en métal, toute bancale.

– Le moment venu, vous les couperez, découperez, et vous les ferez macérer pour toutes sortes de remèdes. Vous êtes en Afrique, Monique, oui, en Afrique, et avec toutes ces plantes vous allez soigner, soigner, et encore soigner… Vous allez près d'un arbre, votre arbre, là où tous ces gens malades et fatigués viennent vous voir. Ils attendent sagement et patiemment, bien en rang, dans une longue file, pour vous consulter. Et, déjà, vous les regardez avec vos yeux singuliers qui percent les secrets de ces corps fatigués. Vous les touchez avec vos mains, vous les soignez : eh oui, Monique, vous êtes médecin de brousse, et vous aimez cela. Cette mission vous transcende, vous êtes terriblement heureuse.

Une de vos vies d'avant, Monique…

Vous avez soigné beaucoup de jeunes enfants, des bébés. C'est une de vos premières vies de Là-haut. Vous avez donné, toujours donné, donné sans compter. Soigner est une passion, un dévouement, un sacerdoce...

La voix du moine déclenche le souvenir, et je vois, à mon tour, ces hommes et ces femmes à qui je prodigue des soins naturels et puissants, grâce à mes plantes. Le silence règne, un sourire, un hochement de tête, un regard brillant de reconnaissance.

Lors de cette profonde régression, je me suis également vue, assise par terre, le dos contre un baobab, vêtue d'une longue robe qui avait probablement dû être blanche un jour... Il me semble distinguer autour de mon cou une chaîne au bout de laquelle pend une grosse croix en bois qui m'arrive presque au nombril. *Mission de missionnaire ?* Je me trouve dans un pauvre petit village, le sol est en terre battue, un peu sablonneux par endroits. Aujourd'hui, en vous le racontant, je revois tout. J'ai bien vécu ici, il y a tellement d'années... Je vibre de toutes les fibres de mon être, mon corps en est encore le témoin... Brusquement se forme autour de moi une ronde ; des enfants, beaucoup d'enfants, m'entourent. Je ne peux vous dire ce que je leur enseignais, la Bible peut-être... Ils étaient captivés par le récit que je leur contais, ils m'écoutaient avec ferveur, une émotion à souvenirs magiques, terriblement puissante. Elle me manque. Quel privilège de pouvoir revivre ces vies passées !

Des bribes de coucher de soleil, un ciel rouge, bleu marine... Les enfants se sont levés, leurs petits pieds nus sont couverts d'une épaisse couche de poussière. Ils courent, ils sautent, ils font des bonds, comme s'ils voulaient me remercier par une danse, furieuse et exaltée. Ils ne cessent de me toucher et de serrer entre leurs petites mains sombres la croix qui pend à mon cou. Je m'épanouis à leurs côtés, dans la simplicité et l'humilité.

Le moine tibétain m'a parlé durant des heures, peut-être trois, quatre ou cinq heures, je ne me souviens plus.

– Monique, vous avez décrit votre vie de Là-haut ; les hommes, les femmes, les enfants vous ont appréciée, et vous leur avez bien rendu.

Retour difficile dans une réalité qui ne me plaît plus... Mes yeux refusent de s'ouvrir, tout comme moi, ils ne veulent pas revenir. J'étais si bien là où je me suis échappée. L'amie, présente à mes côtés lors de ma transe, est bouleversée. J'ai revécu cette hypnose régressive devant elle. Cette expérience, presque effacée de ma mémoire, doit remonter à plusieurs centaines d'années. Des soubresauts violents durant ma transe. Les larmes inondent mes yeux. J'ai eu l'impression de mourir, mon amie devenait petite, toute petite, jusqu'à ce que l'on ne puisse plus la voir. Je me souviens juste que mon champ visuel se rétrécissait, des ombres de chaque côté. Il fallait vite que je m'asseye, au risque de tomber. Si c'est ça la mort, c'est beau. J'en pleure de revenir dans ce bas monde.

À mon réveil, je rejette tout, téléphone, table, livres, le matériel me heurte, j'étais si bien. Je me rappelle qu'après ces deux jours avec les moines tibétains je n'aimais plus cette vie, les voitures, les bus, le bruit, ces gens qui nous bousculent, costumés, cravatés, et le métro... Douloureux de se réadapter. Complètement tourneboulée...

Plongée dans les abysses de mes vies antérieures, je prends conscience d'être porteuse d'un héritage qui me suit depuis si longtemps. L'amour des plantes, le parfum capiteux des huiles essentielles, l'amour des mots, ces mots qui comprennent et acceptent sans jamais juger, l'amour de mes semblables que j'ai aidés et soignés par tous les remèdes à disposition, des mots, de simples mots, des plantes, mes yeux et mes mains.

Des destins riches et passionnants. Une vie de conteuse, de médecin de brousse, de bohémienne diseuse de bonne aventure aussi, ce qui explique sans doute mon faible pour les robes longues, les cheveux tressés et les coupes afro, la chaleur, la moiteur, exquis préliminaires des nuits chaudes que j'affectionne. J'aime les odeurs de santal et l'encens.

Voyager, partir à l'aventure, à la découverte de l'autre, tout ce à quoi j'ai toujours aspiré. Marquée depuis le premier jour par un tempérament fougueux et indépendant. Me reviennent à la mémoire ces quelques mois passés à Saint-Vincent-sur-Jabron, dans les années 1970, à l'époque des hippies, du retour à la nature, les prémices des huiles essentielles et des hydrolats. Des projets tellement novateurs au cœur d'une communauté unie et harmonieuse.

Il me reste à peine quatre heures avant de quitter l'Espace bleu. Je suis assise, je suis debout, je suis assise à nouveau, j'erre. Désemparée. Je regarde partout, je n'aime plus ces murs blancs vides, ces lits de camp durs, envie de repartir dans mes vies d'avant. Et voilà que je me trouve ridicule avec ma tenue tirée à quatre épingles. Le moine me propose de rester un peu, de ne pas repartir tout de suite.

Je revis avec délice ce que je viens de découvrir sur moi. Le jour, le soleil, les ombres, un calme immense, maintenant j'ai l'impression de rêver, si seulement cela devenait ma réalité...

Le maître tibétain revient près de moi et m'invite à revivre l'expérience avec un autre moine :

– Voulez-vous à nouveau partir à la découverte d'une de vos autres vies ? Vous n'avez pas encore tout vu.

Je suis un peu troublée, mais j'acquiesce. Les deux moines sont restés silencieux et n'ont posé aucune autre question. Celui qui est censé me prendre en charge pour cette deuxième expérience me trouble. Ses grands yeux exorbitants m'impressionnent. Me voilà à nouveau allongée. Ses petites mains dodues se posent délicatement sur mon ventre et sur mes chakras. Je me demande ce qu'il va découvrir. J'ai un peu de mal à lui faire confiance. Mais cela ne dure pas, sa voix, incroyable de douceur, est en totale opposition avec son aspect physique. Mes yeux se ferment instinctivement. Je m'enfonce à nouveau dans une torpeur profonde.

– J'entends que ça crie autour de moi. Des odeurs de fumée. Des crépitements de feuilles mortes qui brûlent et embaument les lieux. On dirait bien que je suis en France, cette fois-ci. Un hameau mi-montagne mi-campagne. Où suis-je exactement ? Je ne sais pas. Il fait froid. J'ai une lourde capeline sur le dos. Ma petite maison, je crois, semble nichée au creux d'une vallée. C'est un ensemble irrégulier de vieilles pierres posées les unes sur les autres, grossièrement.

– Usée, fatiguée, le dos courbé, vos mains, Monique, sont noueuses comme des sarments de vigne. Elles fabriquent encore des mélanges savants avec toutes sortes d'herbes. Vous aimez, au petit matin, parcourir la vallée à la recherche de plantes précieuses.

Cet endroit regorge de chardons bleus qui me piquent et me griffent les chevilles. Je les sens dans ma chair.

Mon amie me dira plus tard qu'au moment de ma dernière transe, le moine, qui se tenait à mes côtés, a saisi délicatement mes mains qui faisaient mine de gratter mes jambes. Cela devait être les chardons...

– Mon âge avancé et mes talents de guérisseuse me valent la confiance de tous.

C'est drôle de se voir si vieille quand on a juste vingt-cinq ans !...

Devant ma porte, sur un petit banc de pierre, des hommes, des femmes qui tiennent par la main des enfants qui pleurent à chaudes larmes. À nouveau, je soigne. Avec mes mains de rebouteuse qui sont mes yeux..., je devine les douleurs, les fractures, les tensions.

– Monique, tu te débrouillais avec les moyens du bord. Un genou sur un dos, la rage dans tes mains et tes bras. Ils arrivaient tout abîmés, ils repartaient presque en chantant ! Magique, tu étais ; et magique, tu es toujours !

Grâce à mes moines tibétains bienveillants et délicats, tout s'est éclairci et a fait sens : mon amour des plantes, des huiles essentielles, l'écoute, l'entraide, les soins, et le don aujourd'hui. Des vies entières, vouées à l'autre. Ma mission, mes missions successives en lien.

Je ne les remercierai jamais assez de m'avoir aidée à replonger dans ces vies qui ont été miennes, et sonder les mystères de mon oublieuse mémoire. Quel obscur enchantement !

Pour finir, j'ajouterai que je conseille à tous, si vous en éprouvez l'envie, de faire un jour l'expérience d'une hypnose régressive, revivre vos passés au présent, pour un enrichissement et une formidable compréhension de soi, sous le contrôle d'un guide véritablement expérimenté.

Juin 2021

Puissance inconnue
Puissance de l'être,
De ses pensées,
De ses désespoirs, de ses choix,
De son passé,
De l'amour, de la guerre, des conflits,
Un tourbillon sans fin que l'esprit ensemence.

Été 2021

Les cigales me crèvent les oreilles. Mais elles chantent un cran au-dessus de mes acouphènes, quel bonheur ! Aucunes vacances prévues au départ de l'été, et soudain des invitations de toutes parts... La Bretagne, Ibiza, les Landes, Cannes... Où aller, qui choisir ? Je suis happée...

Et, un matin, une proposition plus insistante, je me décide. Laisser derrière moi mon terrible lumbago, la pluie, la grisaille, le Covid..., je pressens pourtant que, cet été, le virus va nous donner du fil à retordre. Je m'éloigne et j'adapte un peu la distanciation...

Je suis enfin au bord de la mer, je me délecte de toute son énergie et je me régénère. Un rituel ancien auquel je m'adonne à la moindre occasion tant ses bienfaits sont infinis.

De nouvelles rencontres, presque quotidiennes, et souvent des ajustements nécessaires, ma mission pour l'éternité, ils croisent ma route, je croise la leur, jamais de hasard : un petit coup de magnétisme suite à un refus de priorité et, boum, l'accident, avec en prime un délit de fuite ! Mon petit motard a la cheville bien abîmée, boursouflée et douloureuse. Mes mains s'échauffent déjà et prennent en charge l'accidenté, qui va mieux après vingt-quatre heures. Les béquilles, prévues pour une dizaine de jours, sont déjà dans le placard après seulement trois ! Un bonheur de voir cet être généreux, simple, sans aucun artifice, prévenant au point de devancer vos moindres désirs, retrouver le sourire et la santé...

Il est en couple avec un ange, un ange blond comme les blés. Un ange qui doit démêler le vrai du faux. Mal-aimé, maltraité, homosexualité mal acceptée. Que de souffrances ! Comment vivre avec une différence qui, en fait, n'en est pas une, juste un caprice de la nature. Naître garçon et se sentir fille. On se pose déjà tellement de questions. Pourquoi ? Pourquoi moi ? Ce petit oiseau tombé du nid, livré prématurément à la face d'un monde hostile. Et puis la rencontre entre ces deux êtres, au terme d'un timing presque prémédité par l'univers... Aujourd'hui, enfin, une tendre harmonie entre ces deux hommes, un véritable couple, et, un jour, probablement, un enfant, parole de médium !!!

Heureux et reconnaissants, on se met en quatre pour me témoigner une gratitude touchante, en diffusant la nouvelle comme une traînée de poudre, et voilà qu'on toque à la porte... Un couple souriant, sympathique, en symbiose, mais je ressens des hésitations qui frisent l'appréhension... Tellement habituel. On veut savoir, mais on redoute la réponse du destin.

Au plus loin que je me souvienne, je n'ai jamais passé de vacances sans que mon don serve à quelqu'un. Surtout dans des contextes liés à la santé morale ou physique. Impossible de lâcher prise complètement, une servitude, pleinement assumée, à vie. Mon corps, mon esprit, mon âme sont à bout de souffle. J'ai mal jusqu'à la pointe de mes cheveux. Tous les jours, des visions plus dramatiques les unes que les autres, comme des éclairs, le tonnerre avant la tempête, comment se projeter ? Comment reprendre le cours de sa vie avant l'épidémie ?

Mes deux visiteurs sont fébriles. *« Encore deux éclopés de la vie »*, me dis-je en moi-même. Lui, en particulier, retient immédiatement mon attention. Une aura peu commune. Un artiste dans l'âme : de la musique, de la peinture sur toile et même sur la peau, des dessins extraordinaires de finesse et de profondeur, des œuvres d'art, un feu d'artifice aux mille couleurs, un esprit qui pétarade en tous sens. Un être d'exception qui répond au surnom mystique de *« Padre »*. Rencontre imprévue mais précieuse avec une belle âme, aux mille métiers, mille misères !

Un grand mec, un grand maître, un sourire dont il joue et surjoue, une vérité sur le visage, pas de bassesse, un appétit de vivre, son esprit vibre à tout rompre, il ne sait pas se reposer. Son corps va le rappeler à l'ordre, c'est ce que je ressens de prime abord. Mes yeux font un rapide état des lieux. Je scrute et je localise. Je mets en garde, je rassure, il était temps...

Il est reparti rasséréné, au bras de celle qui est là pour son homme depuis tant d'années. Un corps et une âme percés de mille trous, mille blessures profondes, mille entailles… Je ressens, en cette femme dévouée, un passé lourd et entravant.

Une fin d'après-midi délicieuse, forte en intensité, en échanges et en partages.

Les jours s'écoulent, baignés dans la quiétude, au rythme du flux et du reflux d'une mer bleu turquoise. Un soleil éclatant, et pourtant je sens poindre des nuages à l'horizon. Le Covid revient nous hanter même en vacances. Peu de temps pour apprécier notre semi-liberté ! Il n'est question aujourd'hui que de vaccination, de vaccination obligatoire, pour tous nos faits et gestes du quotidien, et pour tous nos soignants dans l'exercice de leur profession.

Le monde a basculé. C'est le règne de la peur, et de la menace qui, un jour ou l'autre, pousse à la faute… Du jour au lendemain, des milliers de personnes en quête de rendez-vous pour une première injection… Comment rassurer lorsqu'on vient d'affoler ?

Un vaccin pour déambuler dans les musées,
Un vaccin pour rire dans les théâtres,
Un vaccin pour s'offrir un bon repas, un bon film,
Un vaccin pour faire du sport,
Un vaccin pour aller prier, pour lire, pour voyager, pour danser…

En somme, un vaccin pour vivre ! Notre survie semble en dépendre. Et alors, pour faire l'amour, faudra-t-il une autorisation, un pass spécifique ?

Nos existences et, avec elles, leur cortège de projets sont ajournés, jusqu'à nouvel ordre.

Moi qui étais venue au soleil pour décompresser, sortir, me divertir comme ces millions de personnes en quête de quelques semaines d'un congé payé amplement mérité, après des mois de couvre-feu, d'interdiction et de restriction... Quelle désolation ! On fait semblant de rien, on se retrouve sur des plages saturées comme nos urgences, agglutinés, on nage, on bronze, on échange deux mots. Des tribus, plusieurs générations heureuses de se retrouver, collées les unes aux autres, sans masques, toute la journée jusqu'à l'heure de la soupe... Mais personne n'est dupe de cette vaste comédie pour se jouer d'un ennemi invisible et invincible !

Après sa déclinaison de variants de tous les pays et de toutes les lettres de l'alphabet grec, le Covid fait fi de tous nos moyens de défense.

Peu de messages de Là-haut, quelques mots, peu souvent. Ne pas affoler, c'est souvent la raison de leur silence. Tout ne peut être révélé, *Ils* me l'ont dit tant de fois :

« Avec ou sans vaccin, vous ne passerez pas tous entre les mailles du filet. Ce Covid est impossible à maîtriser.

Il s'arrêtera à la Saint-Jamais !!! Votre vaccin est une maigre parade à ce virus, peut-être une petite solution pour le tout premier.

D'autres variants arriveront encore, en cascade. »

Aujourd'hui, samedi 24 juillet, c'est la pleine lune, porteuse d'espoir et d'énergie. Les médiums sont sensibles à cet astre ambivalent qui gouverne le mystère et l'inconnu, la mort et la renaissance. C'est également une occasion unique de recharger mes batteries et de prendre mon bain de lune rituel. Plantée face à cet astre majeur, je me plonge en son cœur, les yeux grands ouverts. Puis, je lui tourne le dos afin qu'il agisse sur mon corps entier.

Ce samedi de pleine lune prend son temps et s'étire langoureusement. Le soleil brille de tous ses feux, mais je ne vais pas m'aventurer sur la plage, la mer est grognon, elle envoie tout voler, et le vent, son complice, souffle de tous côtés... Début de soirée, vers 21 heures, debout à l'entrée, près du portail, une plume flotte dans les airs et tombe délicatement du ciel sur mes cheveux. Je souris. *Ils* sont là, près de moi. À cet instant précis, mes anges gardiens pensent à moi. J'en ai la preuve matérielle, une nouvelle fois. Encore une belle plume blanche. Elle est céleste, délicate, précieuse. C'est un bon présage, je le sais. Que va-t-il arriver ? Que va-t-il m'arriver ? Je suppose qu'il va me falloir attendre quelques jours, quelques semaines tout au plus, avant de percer le secret de ce cadeau du ciel.

Ce matin, c'est étrange, je me lève avec l'impression fâcheuse que l'on veut m'interdire mille choses... Des interdits dans l'air... Mais lesquels ? Interdiction de nager, de me frotter à la vigueur résiduelle du vent, de m'exposer à un variant Delta qui prend toute la place dans l'actualité de nos vacances, je ne sais pas... Aucun indice précis, rien qui me mette sur la voie, mais un léger frisson au fond de moi. Pourtant, je n'ai pas peur.

Mes conversations quotidiennes entre ciel et terre m'ont à jamais convaincue qu'il n'y a pas de mort, si ce n'est celle de notre enveloppe charnelle. L'essentiel, notre âme, est éternel.

Je ne compte plus les fois où l'on me demande ce qu'il y a après, ce qu'il se passe une fois que le cœur s'arrête de battre, que le souffle vital a cessé…

– Mais, Monique, savez-vous, vous qui discutez sans arrêt avec les morts, ce qu'ils font après ?

Que font donc tous ces êtres, amis, parents, inconnus, partis avant nous ? Beaucoup ont communiqué avec moi. Ils ne sont pas morts, au sens commun du terme. Leur énergie est toujours présente et parfois même un peu plus.

Je me rappelle cette amie allongée sur le canapé qui, un soir de déprime, a senti sur sa joue le souffle de son père, à deux reprises. Fenêtres fermées, volets baissés, elle a senti ce souffle léger lui caresser la peau deux fois. Sans peur, elle a accueilli le visiteur, qui avait concrètement manifesté sa présence pour lui redire son amour, la rassurer et lui apporter son soutien au-delà de toute dimension connue. J'ai su, par la suite, qu'il s'agissait de son père, disparu depuis presque quarante ans. Toujours là pour elle, lors des moments difficiles. Pourquoi souffler deux fois sur la joue de sa fille ? Pour confirmer sa présence, écarter tout doute, pour qu'elle soit sûre que ce n'était pas un rêve, une illusion. Oui, il y avait bien quelqu'un à ses côtés, ce soir-là. Une telle démonstration demande à nos défunts énormément d'énergie, c'est précieux et rare.

Croire sans preuve, ne pas rompre le lien, accepter la promesse de l'invisible, cet amour inconditionnel, éternel et suprême, au-delà de l'espace-temps, au-delà du connu.

Comme j'ai eu l'occasion de vous le confier, je suis un canal, une passeuse de l'au-delà. Je n'ai jamais eu la visite d'esprits tourmentés ou malfaisants. Cela ne m'est jamais arrivé. Peut-être est-ce arrivé à d'autres médiums, mais, en ce qui me concerne, par chance, aucune visite de ce type.

Certaines personnes n'ont jamais pu établir le moindre contact avec leurs défunts. Mais elles sont très rares. Souvent des brebis égarées, sans foi ni loi... Les vivants espèrent rétablir le lien que la mort a provisoirement rompu. Ils viennent et reviennent, en vain. Pour eux, pas de réponse, un silence de mort, le silence éternel. D'autres, en revanche, ont eu le bonheur et le privilège de plusieurs visites. Et même de belles visites inattendues, de personnalités reconnues de leur vivant, sur Terre...

Nos défunts voient tout ce que nous faisons, le bien comme le mal. Ils ne jugent pas, mais ils sont toujours là, même si nous ne les voyons pas. Ils ont connaissance de notre vie, de la date de notre mort, des circonstances de celle-ci. Une fois Là-haut, ils sont omniscients. La mère de mon amie Clara, décédée il y a cinq ans, a évoqué un livre où chacun de nous apparaît, avec ses dates de naissance et de mort, en lettres d'or. Le grand livre de la vie et de la mort.

Dans son désir de savoir, tout savoir pour tout contrôler, l'être humain est de plus en plus aveuglé par ses demandes et désirs personnels. Il ne veut pas de zone d'ombre dans sa vie. Si seulement *savoir* pouvait permettre de *changer*. Une équation impossible.

J'ai constaté, lors des séances de spiritisme précédemment évoquées, que, malgré les informations précieuses transmises par nos *visiteurs d'un soir*, les participants en voulaient plus, encore plus, toujours plus. Ils auraient voulu discuter des heures avec les esprits, obtenir des réponses sur des situations très précises et très souvent d'ordre matériel (une maison à acheter, un immeuble à vendre, un héritage, un placement...). Les malheureux, ils n'ont rien compris, les esprits sont affranchis de la dimension matérielle. Les véritables médiums éprouvent, dans leur chair, chaque intervention d'un esprit. Un épuisement foudroyant. On est anéanti, vidé de toute énergie. Complètement à plat, après certaines *visites* intenses. Comment imaginer discuter des heures dans ces conditions ? C'est clairement infaisable.

Les défunts arrivent à nous de leur propre chef, nul besoin de les supplier. Ils choisissent précisément les confidences qui seront révélées et ne disent pas un mot de plus. Demandez ce que vous voulez, si vous devez demeurer dans l'ignorance, ils resteront silencieux. Là-haut, ils savent tout, même s'ils ne nous disent pas tout.

Une pensée commune me relie intimement à un peintre que j'aime beaucoup, même si nos univers picturaux sont, à première vue, très éloignés. Il s'agit du peintre surréaliste René Magritte. Il disait, à propos du *mystère*, qu'il *éclairait la connaissance*. Comme lui, je suis convaincue que ce mystère que chacun de nous aimerait tant percer, loin d'être un obstacle, n'est que la conscience de la puissance de l'univers. À bien y réfléchir, ce mystère est, en lui-même, une lumière. Pourquoi risquer de tomber dans les ténèbres à force de conjonctures en tous genres ? Combien de théories philosophiques, de religions, de doctrines écrites pour exprimer l'ineffable, ce qui ne peut nous être révélé qu'une fois de l'autre côté ! Un passage obligé pour lever le voile... Un aller simple, sans retour possible, pour révéler le mystère...

– Arrêtez de chercher à comprendre pourquoi et comment. Bénissez le mystère de la vie. Vous aurez la connaissance absolue lorsque vous serez Là-haut. Pas avant.

On me demande souvent si les pires criminels, les monstres de l'Histoire, les vrais méchants, pédophiles et tueurs en série, montent et accèdent à la même béatitude que tout le monde.

Les défunts ont témoigné. Oui, ils montent comme tout le monde. Pas d'exception. Mais jamais ils ne croisent la route des autres, de ceux qui n'ont pas marqué au fer rouge l'histoire de l'humanité :

– Nous ne les rencontrons jamais. Ils sont démunis. Ils ne peuvent rien donner, ni même apporter la moindre protection puisqu'ils n'ont jamais été dans l'aide lorsqu'ils étaient vivants.

Nos défunts m'ont également appris que ces monstres n'auront jamais plus l'occasion de revenir sur Terre. Aucune autre réincarnation accordée. Plus de nouvelles vies après. Leur karma s'arrête net.

Là-haut, d'une certaine manière, *la vie* se poursuit. Les morts œuvrent pour l'humanité souffrante. Ils continuent à aider ceux qui le demandent, comme ils ont pu le faire avant de nous quitter. Ici ou ailleurs, les parents veillent sur leurs enfants, à jamais.

Qu'ils les connaissent ou non, descendants ou parfaits inconnus, les morts travaillent pour les vivants. Ils mettent en place des conjonctions, des circonstances favorables. Et parfois cela peut prendre une vie à l'échelle humaine. Pour les esprits, le temps est aboli. Certains défunts ont une *mission* plus importante. Leur champ d'action est planétaire. Il dépasse la dimension locale et familiale. Il s'agit souvent de belles âmes, de personnes très généreuses. Cette marque de fabrique est intrinsèque à l'individu.

Même lorsqu'il est mort, elle demeure dans son esprit. Ce sont ces êtres particulièrement bienveillants et altruistes sur Terre qui sont appelés à réaliser des actions à l'échelle mondiale. Il faut toute la pureté de leur cœur pour faire vaciller les événements dans un sens ou dans l'autre. Mais la tâche est colossale, et nous ne leur facilitons pas les choses...

L'homme est devenu égoïste, violent, va-t-en-guerre... Et l'équilibre est mis à rude épreuve.

Dernier jour de juillet, retour de vacances. Quinze jours de soleil qui ont dorloté mon corps meurtri et réchauffé mon cœur. Je laisse derrière moi une région merveilleuse, à regret.

Chez moi, le temps n'a pas changé depuis mon départ. Il me désespère...

Le temps est complètement détraqué. De la pluie en guise de comité d'accueil. J'ai froid, tellement froid. Une chute brutale des températures... Mon corps ne résiste pas. Les pulls sont ressortis du fond de l'armoire... De l'inédit, au mois d'août. J'inspecte mon jardin. Au fond, deux arbres sont morts, deux poiriers si généreux à l'automne dernier. Aujourd'hui, ils sont vermoulus de la tête aux pieds, et mes framboisiers sont à terre. Pourquoi cette nature si féconde meurt-elle ?

Je ne l'ai pas lâchée, pourtant. C'était l'âge, c'était le temps qui passe aussi pour eux ? Sur la pelouse un peu ravagée, de-ci de-là des violettes, des pissenlits increvables, des coucous et, dans un coin, quelques fagots oubliés devenus gris... Comme ils sont vieux, ces fagots ! J'ai l'impression de voir un jardin abandonné.

Et la cabane, *la cabane au fond du jardin* comme dit la chanson, où les enfants ont évolué, joué, se sont cachés, son toit commence à vieillir, la mousse a poussé. Ses fenêtres sont des yeux fermés. Elle est triste, elle n'a plus de joie, plus de vie. Elle n'a plus d'enfants, ils sont tous partis. Elle aussi est vieille. Tout vieillit, tout passe, tout lasse, tout s'en va.

Il fait presque noir, le noir, vous le savez, ce n'est pas mon fort, je n'aime pas du tout. Nombreuses sont les personnes qui dissimulent une peur de l'obscurité. Mais, si vous les interrogez, elles avouent souvent avoir eu recours à une veilleuse lorsqu'elles étaient enfants. Vous tenez là le début de l'histoire, il n'y a plus qu'à dévider la pelote.

Dans ma pratique médiumnique, le noir est une barrière. Il bloque ma vision. Le noir empêche la révélation, il cache ce qui peut être vu, ce qui ne doit pas être vu. C'est un frein. Les entités viennent moins facilement si la personne que j'accueille porte un vêtement noir. Elles ont une préférence pour les couleurs lumineuses, le blanc ou le beige.

Dehors, pas un rayon de soleil, le vent souffle, les arbres se courbent, les sapins sont pliés. Une aube si proche du crépuscule. Ce matin, je ne fais rien, je regarde. Je pense. À quoi ? À moi..., ce n'est pas souvent. Je me dis que je suis en décalage...

Aujourd'hui, je reçois une amie qui vient passer quelques jours chez moi. Elle fuit le Sud, ravagé par le Covid-19. Nous avons déjeuné copieusement. Heureuses, repues. Nous prenons un thé dans le salon. Je suis étendue sur le canapé. Je médite encore. Mon amie s'est installée dans le fauteuil face à moi, c'est celui qu'elle préfère. Quand elle vient me rendre visite, c'est toujours sa place, invariablement. Je devine pourquoi. Elle se plaît à admirer les trois grands tableaux qui sont accrochés au mur face à elle. Trois univers opposés, trois couleurs différentes.

Le premier est rouge orangé aux trois quarts, peint il y a longtemps, en pleine nuit. Un soir d'orage, je m'en souviens. Les mains dans le *cambouis*, toute la nuit jusqu'au petit matin. Un café, deux tartines. Une courte pause. Les volets clos, j'ai poursuivi jusqu'à midi. Il s'appelle *Chemin de lune*. Une terre inconnue, une flore dorée, des touches éparses orangées.

En haut, légèrement à droite, une lune animée. Pour mon amie Clara, c'est une lune rousse, aux formes féminines généreuses. Une lune maternelle et féconde qui vous indique le chemin. Elle a les yeux fermés, une bouche mince marquée par un léger filet doré. Cette lune a deux anneaux autour du cou. Ce sont probablement des alliances, c'est ce que je ressens. Pour atteindre la lune, une légère montée qui, à mi-chemin, débouche sur une bifurcation, deux directions possibles. À cet endroit, ce fil d'Ariane vous oblige donc à faire un choix.

La toile dégage une énergie incroyable et, à la lumière du soleil, elle donne sa pleine mesure.

Avec le deuxième, on plonge dans l'abstrait. Un ensemble pictural où le gris argenté emplit l'espace. En haut du tableau, un ciel lourd et presque envahissant, dans les tons bleu et violet. Au sol, des sarments noirâtres piqués à terre, au bord de flaques grisâtres. Au centre de la toile, deux profils aux teintes très atténuées, presque en filigrane. Adam et Ève, en attente... Vous ai-je dit que le nom de ce tableau est *Premier jour de la Terre* ?...

Enfin, avec le dernier tableau, nous partons au cœur de l'Afrique. Un instantané de vie en pleine savane. Le bleu et le jaune rivalisent de nuances. Entre ces deux leaders, le vert tendre ose, par endroits, une irruption pertinente. Mais il est bien conscient de ne servir que les intérêts du point d'eau occupant l'espace inférieur de la toile. Quelques arbustes disséminés et des touffes d'herbes hautes bien serrées bordent une eau mystérieuse, d'un bleu turquoise intense, des reflets argentés et quelques touches de blanc. On devine les profondeurs tout en dégradé de violet. Pas la moindre trace animale, dans cet espace naturel. À gauche, le clou du spectacle, peut-être un acacia tortilis, en fleur. L'écorce du tronc force sur le marron. Ses branches vigoureuses se dressent vers le ciel, les plus anciennes dégringolent en lianes. Si on y prête attention, on distingue enfin une créature filiforme, un enfant, à peine plus épais que la liane dans laquelle il s'entortille. Rien ne trouble l'harmonie des lieux.

C'est l'après-midi, nous buvons un thé que nous n'apprécions ni l'une ni l'autre. Notre conversation tourne autour du rapport de l'homme à la mort. Soudain, un tableau s'anime. Sur cette toile, je vois apparaître une femme, toute vêtue de blanc, on dirait un ange. Elle me parle :

– *La mort est comme une grande main qui se pose sur moi, elle vient me prendre et m'emmener. Elle me soulève, et je monte. J'ai l'impression d'être dans un voile, je monte encore, je suis et je ne suis plus. Je ne sais pas si je vole, je ne sais pas si je fais du surplace. C'est tellement lent. Je suis bien. Je vous vois, vous, en bas. Je vous regarde. Certains d'entre vous sont à genoux, d'autres debout. Vous êtes affligés. Vous criez, vous pleurez, vous vous serrez les uns contre les autres. Je ne peux pas parler. Je ne peux plus. Moi, je vole, je vole. Et je vole encore !*

Clara est inquiète, mon visage est livide. Je tremble. Qui est venu ? Je ne sais pas. Pas de nom, cette fois. Peut-être la mère de mon amie… Cette dernière, intriguée, se lève brusquement. Une idée vient de lui traverser l'esprit. Elle veut en avoir le cœur net. Elle décroche ce tableau fixé au mur.

On y voit une femme, de profil, prendre son élan comme si elle voulait s'envoler. De longues ailes orange en guise de bras. C'est comme si cette femme, rousse comme je l'ai été petite, entamait sa métamorphose en oiseau. Sa robe longue, orange aux reflets jaunes, se termine en bas par un bouquet de plumes. Au-dessus de sa tête, un morceau de ciel bleu. Des courbes, derrière elle, qui pourraient figurer ses différentes tentatives d'envol. S'envoler ? Pour aller où ? Comme tous mes tableaux, celui-ci raconte une histoire, une belle histoire mystique. En transparence, des yeux, dans le dos de cette belle rousse…

Mon amie retourne le tableau, elle sursaute presque. Le titre de la peinture est *Pour un dernier élan*. Qu'ajouter de plus ? Dès le départ, cette toile, peinte il y a peu, m'a troublée ; la peinture, par endroits, ne sèche pas. C'est étrange.

Depuis le début de l'après-midi, le salon grince de tous côtés. Quelqu'un toque contre mon buffet. Des bruits à intervalles réguliers. *Pour un dernier élan* s'est exprimé à travers cette femme vêtue de blanc, mais je sens que ce n'est pas terminé. On insiste. Un autre message doit être délivré. Brutalement, mon grand ami Christian, disparu depuis vingt ans, se manifeste :

— Mimi, quand j'ai senti la mort arriver, la veille, je t'ai dit : « Il y a Amalia qui est avec Émile. » Je sens mes parents, ils rôdent autour de moi depuis ce matin. Eh oui, les êtres chers que tu as perdus, tournent, virent. C'est très bizarre, tu les vois, mais tu ne les entends pas. Je pense qu'ils te parlent. D'âme à âme. Et tu te dis, dans ta tête

de moribond : ça y est ! Et en même temps tu as un soulagement parce qu'ils sont là. Ils te regardent, tu ne montes pas seul.

Et puis, tu es arrivée, avec mon épouse, Aurélie. Tu es ma très chère amie, tu le sais. Vous m'avez pris chacune la main. Vous m'avez dit : « On t'aime. »

Tout à la fois une secousse et un bien-être d'avoir quelqu'un en bas qui vous touche et vous accompagne aussi. Cela se passe en un éclair, tu n'es plus là et tu es encore là...

Au matin, au petit matin, mes parents sont venus, presque au-dessus de ma tête. Bizarrement, tu as l'impression de penser encore, même si tu es déjà parti. Tu as de belles images sous les yeux.

D'un seul coup, c'est l'heure. Comme s'il fallait partir, sans délai. Tu as l'impression qu'une partie de ton corps se dédouble. C'est peut-être bien l'âme... On devient léger, très, très léger. Soudain, le calme t'envahit, tu es bien, tellement bien, tu n'as peur de rien.

Peur de rien.

Ils viennent te chercher, ils te prennent la main, ils t'accompagnent.

Un jour, les filles, vous viendrez me rejoindre. Ici, tout n'est que douceur. On ne vous enlève pas brutalement. Notre corps se soulève doucement, très doucement, nous sommes soudain enveloppés comme dans un nuage blanc, on monte centimètre par centimètre, on se détache de cette Terre. C'est presque ineffable, on a la sensation d'être dans de la ouate...

Le DÉCÈS, la MORT, ces mots ne veulent rien dire ! Pourquoi ne pas mettre autre chose ? Pourquoi ne pas dire BÉATITUDE ? C'est comme le Ciel ? Pourquoi dire « parti au Ciel » ? Nous ne sommes pas dans un ciel. Nous sommes dans l'air. Nous ne sommes ni assis ni debout. Nous volons de temps en temps, nous nous arrêtons de temps en temps.

On est si bien. On a terminé de souffrir. Et tu sais toi, ma Mimi, comme j'ai beaucoup souffert dans ma chair, dans mon corps et dans mon cœur.

Quant à vous, on vous voit en bas. Les cérémonies, qui n'en finissent pas, les chants, les prières, les pleurs. Il y a ce temps pour pleurer, mais il doit y avoir un temps pour avancer après le départ du défunt. Ces gens qui touchent le cercueil, c'est long, si long. C'est leur manière à eux de nous dire adieu. Mais il n'y a pas d'adieu. Bien sûr, physiquement, on ne se voit plus, on ne se touche plus.

Mais nous, nous vous voyons. Nous vous voyons vivre, naître, grandir et vieillir...

Puis commence un long, un très long, voyage, un interminable cheminement. Le début n'est pas agréable. Après un temps indéfini, nous entrons dans le tunnel, ce fameux tunnel qui nous emmène peut-être dans ce que vous appelez « le paradis ». Un tunnel très étrange, immaculé. Des portes, plein de portes. Des portes à droite, des portes à gauche, des portes devant, des portes derrière, et tu montes, tu montes... Tu as l'impression que cela n'en finit pas. Je me suis heurté à deux portes... Pourquoi heurté, je ne sais pas. Il est vrai qu'en bas j'ai quand même joué quelques tours...

Et, au bout de longtemps, pour vous longtemps, je ne saurais dire le nombre de jours, peut-être dix jours, vingt, trente ou quarante, on sort de ce tunnel infernal. D'un seul coup, comme un voile qui se déchire, c'est maintenant que l'âme quitte le corps. Quelques instants, un souffle, peut-être le souffle de l'esprit..., et nous voici entre ciel et terre. Tu vois le jour, comme un ciel.

Et puis, tout de suite après, une lumière, je dirais une lueur, intense, qui grandit peu à peu. On est ébloui. C'est beau.

Et là, ton père, ta mère, ta grand-mère, tous les êtres que tu as aimés arrivent. Ils te font un honneur. On ne parle plus. Tout se fait dans le silence. C'est alors un grand bonheur, un infini bonheur. Quelque chose de magique. Je me dis : « Deuxième vie ? Une deuxième vie après ma vie en bas ? »

Je rencontre mes amis, tous ceux qui étaient partis avant moi. C'est... comme une évidence. Et la vie sur une autre planète...

Je reviens à moi, très difficilement. Je tremble. Des soubresauts dans mon corps entier. Mon amie se tait, elle n'ose me parler, même si je vois qu'elle en meurt d'envie. Ses yeux sont illuminés. Je prends du temps pour revenir à moi. Vidée, étourdie. Cela a été long. Mon corps ne m'appartient plus, je le laisse revenir, doucement. Cette fois, la secousse a été rude.

Tout n'est que transparence et lumière.
Voyages pour lieux oubliés,
Sculptures de visages figés,
Dessins de rêves,
Traces de pleurs versés.

Le temps n'est rien, invisible et impalpable.
Il me roule, le temps ; il me réchauffe, le temps ; il me porte,
le temps. Mais il me glace, le temps.
La vie est en mouvement perpétuel,
un va-et-vient continuel.

Ancêtres, parents, enfants, nous sommes tous
des maillons de la chaîne.
La vie est au bout du chemin, et la mort aussi,
si proches l'un de l'autre.
Eh oui, la vie est un véritable courant d'air.

J'ai subitement envie de tourner le sablier à l'envers
pour retarder ce temps qui passe trop vite.

Composition : Soft Office

Achevé d'imprimer en décembre 2022
sur les presses de la Nouvelle Imprimerie Laballery
58500 Clamecy
Dépôt légal : décembre 2022
Numéro d'impression : 212375

Imprimé en France

La Nouvelle Imprimerie Laballery est titulaire de la marque Imprim'Vert®